So funktioniert das

Kauderwelsch-Prinzip

1. Die zusätzliche Wort-für-Wort-Übersetzung verdeutlicht die fremde Satzstruktur. Grüne Hinterlegungen zeigen Lücken zum Einsetzen von Wörtern bzw. Alternativen zum Auswählen an.

Tigrinya	**ሰብ ኣበይ እዩ ... ዝገዝእ፧**
Lautschrift	**ßäb abäj əju ... səgäsə'ə?**
Wort-für-Wort	*Mensch wo er-ist ... der-er-kauft*
Übersetzung	Wo kann man ... kaufen?

2. Dies erleichtert anschließend das Einfügen der gewünschten Wörter in die Sätze.

ፍረ ተኽሊ	**frä tächli**	Obst, Früchte
ሓምሊ፣ ኣሕምልቲ	**hamli, ahmlti**	Gemüse
ዓሳ፣ ዓሳታት	**°aßa, °aßatat**	Fisch
ስጋ፣ ስጋታት	**ßga, ßgatat**	Fleisch
ክዳን፣ ክዳውንቲ	**kdan, kda^{w}ənti**	Kleidung
ቆብዕ	**qobu°ə**	Hut
ክርቢት	**krbit**	Streichhölzer
ሳሙና	**ßamna**	Seife
መጽረዪ ስኒ	**mäzräj ßni**	Zahnbürste

AZ

Im Wörterbuch am Ende des Buches gibt es noch mehr Wörter, die man sinnvoll einsetzen kann.

Inhalt

Tigrinya lernen

Tigrinya sprechen

Wörterbuch

Auf einen Blick

Tigrinya

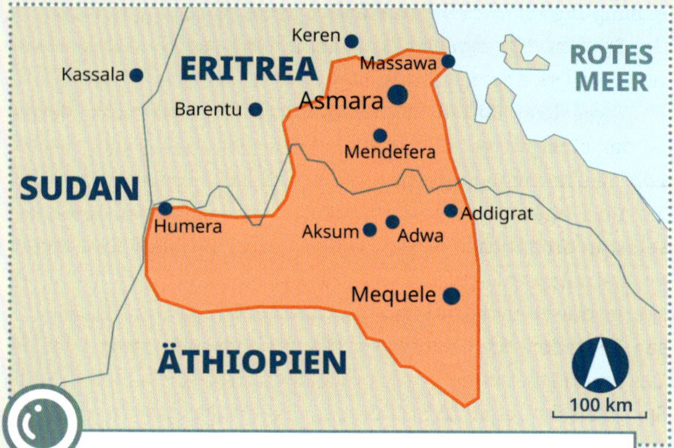

Tigrinya gehört zu den semitischen Sprachen und wird in Eritrea und im Norden Äthiopiens gesprochen. In beiden Ländern zählt es zu den Amtssprachen.

9
Millionen Menschen

sprechen Tigrinya als Muttersprache.

182
Schriftzeichen

Es gibt 26 Konsonanten, die in 7 verschiedenen „Ordnungen" (Vokalen) geschrieben werden.

ca. **90**
Tausend

Eritreer*innen leben in Deutschland.

Vorwort

Ob als Zugang zur reichen Geschichte Äthiopiens oder zur Verständigung in Nordäthiopien und Eritrea: Mit Grundkenntnissen der Sprache Tigrinya eröffnen sich Ihnen ganz neue Möglichkeiten – vor Ort, aber auch in Europa.

Zugegeben: Einfach ist die Sprache Tigrinya nicht. Weder ist das einzigartige, alt-äthiopische Schriftsystem „Geez" mit ca. 200 Schriftzeichen besonders übersichtlich, noch existiert für Tigrinya eine offizielle Rechtschreibung, sodass Schreibweisen selbst in öffentlichen Medien oft variieren. Wer sich trotz dieser vermeintlichen Schwierigkeiten die Zeit nimmt, sich auf diese spannende Sprache einzulassen, wird schnell merken: Hinter diesen Besonderheiten verbergen sich für Lernende auch Vorteile. Das umfangreiche Schriftsystem etwa erlaubt es, die gesprochene Sprache sehr genau abzubilden, sodass die Aussprache um einiges leichter fällt. Und die fehlende Standardisierung der Rechtschreibung bedeutet im Umkehrschluss, dass viele Schreibweisen „richtig" sind, was Ihnen im Vergleich zu anderen Sprachen einen gewissen Spielraum eröffnet.

Aufgrund der zurzeit kritischen Lage in Eritrea, das von politischen Konflikten geprägt ist, wächst die Community der Eritreer:innen, die in Deutschland und Europa Zuflucht finden, stetig. Um auf Augenhöhe miteinander in Kontakt zu kommen und ihre Kultur zu verstehen, wird Tigrinya Ihnen eine große Hilfe sein. Allen, die gern Kaffee trinken, ergibt sich vielleicht sogar die Chance, an einer Kaffeezeremonie teilzunehmen und damit den Ursprüngen ihres Lieblingsgetränks näherzukommen.

Sollte sich jedoch die Lage vor Ort in naher Zukunft verbessern, böte Eritrea mit seinen traumhaften Stränden, zahlreichen Kulturdenkmälern und seiner reichhaltigen Küche ein vielseitiges Urlaubsziel, auf das sie dank dieses Buchs perfekt vorbereitet sind. Viel Spaß und Erfolg beim Lernen! **Salomon Ykealo**

Top 5

Typisch Tigrinya

№1 Smalltalk

Die Deutschen kommen bekanntlich direkt zur Sache. Das ist in der tigrinischen Kultur völlig entgegengesetzt. Also lieber erst einmal „um den heißen Brei herum reden“, das gehört sich so!

№2 Geez

Die altäthiopische Schrift Geez, die in diesem Buch vorgestellt wird, ist in mehrfacher Hinsicht bemerkenswert. Sie bildet die gesprochene Sprache sehr exakt ab. Gleichzeitig ist die Rechtschreibung viel weniger standardisiert, als wir es aus europäischen Sprachen kennen. Das bedeutet, regionale Unterschiede in der Aussprache spiegeln sich auch in geschriebenen Texten wider.

№3 Geschichte

Das Kaiserreich Abessinien existierte (laut der mündlichen Überlieferung) von 980 v. Chr. bis 1974 und ist damit die älteste Monarchie der Welt. Darauf kann man schon stolz sein – und ist es auch.

Die Kolonialbestrebungen der Europäer waren in Äthiopien als einzigem afrikanischen Land erfolglos. Lediglich Eritrea, damals noch Teil Äthopiens, war von 1889 bis 1941 eine italienische Kolonie. Aus dieser Zeit stammen die italienischen Lehnwörter im Tigrinya.

№4 Kaffee

Das Lieblingsgetränk (fast) der ganzen Welt heißt in vielen Sprachen „Kaffee" oder ähnlich. Der Legende nach haben Hirten in der äthiopischen Provinz Kaffa zufällig die belebende Wirkung der Kaffeebeere entdeckt und die Methode des Röstens erfunden. Das Getränk selbst heißt auf Tigrinya aber, wie im Amharischen und Arabischen auch, **bun** (wörtlich „Kaffeebohne"). Das Wort **bun** bezeichnet übrigens auch die Farbe Braun („kaffeefarben").

№5 Religion

Die Religion ist vielen Menschen im Alltag sehr wichtig. Religiöse Themen werden ernster genommen als in Mitteleuropa. An gar keinen Gott zu glauben, kann auf Unverständnis stoßen. Auch wenn Sie selbst nicht gläubig sind, sollten Sie die Gefühle der Menschen respektieren.

Land und Sprache

Tigrinya gehört zum nordäthiosemitischen Zweig der semitischen Sprachfamilie und wird von etwa 9 Millionen Menschen gesprochen, vorrangig in Eritrea und in der äthiopischen Region Tigray. Sein nächster Verwandter ist Tigre, das ebenfalls in Eritrea und Teilen Sudans beheimatet ist. Tigrinya ist eng verwandt mit den südäthiosemitischen Sprachen, unter denen Amharisch mit über 25 Millionen Sprechern bei weitem die wichtigste darstellt. Entferntere Verwandtschaftsbeziehungen bestehen zu Hebräisch und Arabisch. Mit diesen Sprachen teilt Tigrinya viele grammatikalische Strukturen, und zahlreiche Wörter dieser drei Sprachen gehen auf Wörter der altsemitischen Ursprache zurück.

In Eritrea ist Tigrinya – zusammen mit Arabisch – Amtssprache, und in den Schulen für die tigrinyasprachige Bevölkerung Unterrichtssprache. In der Region Tigray ist es regionale Amtssprache und Unterrichtssprache in der Grundschule.

Nach heutigem Wissensstand leiten sich Tigrinya und Tigre von der altäthiopischen Sprache Geez ab. Diese war zwischen dem 1. und 9. Jahrhundert n. Chr. die Hauptsprache und vor allem die Schriftsprache des Aksumitischen Reiches. Geez ist bis heute die Liturgiesprache der äthiopischen und eritreischen orthodoxen Kirche sowie der äthiopischen Juden.

Die Entstehung der Sprache Tigrinya war spätestens seit dem 9. Jahrhundert vollzogen, und der erste überlieferte Text darin datiert aus dem 14. Jahrhundert. Die regelmäßige Verwendung von Tigrinya als Schriftsprache begann Ende des 19. Jahrhunderts. Seit Anfang des 20. Jahrhunderts ist durch die Bibelübersetzung die Schreibweise in der Geez-Schrift für Tigrinya, aber auch für Tigre und Amharisch in gewissem Maße standardisiert – wenn auch längst nicht in dem Maße, das wir in europäischen Sprachen kennen. Interessant ist in diesem Zusammenhang, dass sich die

Geez-Schrift aus dem südarabischen Konsonantenalphabet ableitet und durch die Hinzufügung von Vokalmarkierungen modifiziert wurde. Die Ausbildung der Geez-Schrift war bereits im 4. und 5. Jahrhundert abgeschlossen.

Mit dem Aufkommen des Islam ab dem 7. Jahrhundert wurde Tigrinya, im Unterschied zum Amharischen, im großen Stil durch arabische Lehnwörter bereichert, und durch den Einfluss der Osmanen vom 16. bis 19. Jahrhundert kamen sogar vereinzelt türkische Begriffe hinzu.

1889 wurde Eritrea zur italienischen Kolonie. Die italienische Kolonialzeit von 50 Jahren in Eritrea hatte auch sprachliche Konsequenzen für Tigrinya. So finden sich bis heute zahlreiche italienische Begriffe wie **ታሴራ** **taßera** („Ausweis" – von *tessera*), **ኮሚደረ** **komidärä** („Tomate" – von *pomodoro*) oder **መኪና** **mäkkina** („Auto" – von *macchina*) im Wortschatz des Tigrinya. Auch gegenwärtig findet ein Sprachwandel statt, denn bei fast 1,5 Millionen Auslandseritreern ist es klar, dass sich die Umgangssprache verändert und durch diverse andere Idiome – allen voran das Englische – weiterentwickelt.

Der Name „Eritrea" kommt aus dem Altgriechischen, wo **ἐρυθρὰ Θάλασσα** *erythra thalassa* „rotes Meer" heißt, abgeleitet von **ἐρυθρός** *erythros* „rot".

Hinweise zur Benutzung

Tigrinya lernen

Der erste Teil zeigt, wie Tigrinya „funktioniert“ und liefert das Handwerkszeug, um eigene tigrinische Sätze zu sprechen.

Sollten Sie zu den Menschen gehören, die lieber einen Bogen um das Thema Grammatik machen: Keine Sorge! Die wichtigsten Regeln werden auch für Laien verständlich erklärt und mit praktischen Beispielen veranschaulicht. Die Wort-für-Wort-Übersetzung (Seite 1) hilft dabei, den Satzbau nachzuvollziehen und selbst anzuwenden.

Tigrinya sprechen

Im zweiten Teil dreht sich alles ums Sprechen. Für alle möglichen Lebenslagen auf Reisen gibt es Beispiele, in die man nur noch das passende Wort einsetzen muss. Praktische Tipps und Infos zum Reiseland erleichtern das Ankommen.

Trauen Sie sich und versuchen Sie Ihre ersten Schritte in der Fremdsprache! Sie zeigen damit Interesse und Respekt – und schon ist das Eis gebrochen, auch wenn man mal einen Fehler macht. Sie werden völlig andere Dinge erleben als „sprachlose“ Reisende, und Sie werden feststellen: Sprache öffnet Türen und Herzen.

Am Ende des Buches finden Sie ein Wörterbuch zum Nachschlagen in beiden Richtungen. Die Umschlagklappen geben einen Überblick der wichtigsten Sätze.

Tigrinya lernen

Das altäthiopische Geez-Schriftsystem hat zwei Besonderheiten, die es weltweit einzigartig machen: Es wird, anders als in anderen semitischen Sprachen, von links nach rechts geschrieben. Ein weiterer Unterschied: Auch Vokale werden geschrieben. **Mehr dazu ab Seite 18.**

Grammatische Geschlechtsbezeichnungen sind vor allem für Menschen wichtig. Bei Gegenständen hingegen ist manchmal das grammatische Geschlecht nicht eindeutig festgelegt, so dass das Wort mal mit männlicher und mal mit weiblicher Form vorkommt. **Mehr dazu ab Seite 23.**

Das mit Abstand umfangreichste Kapitel in diesem Abschnitt befasst sich mit den Verben. Wichtig zu wissen ist, dass sich der Begriff „Imperfekt" hier keineswegs auf die Vergangenheit bezieht, sondern nur darauf, ob eine Handlung bereits abgeschlossen ist (= perfektiv) oder noch andauert (= imperfektiv). **Mehr dazu ab Seite 47.**

Aussprache und Umschrift

Um dem Lernenden die Aussprache zu erleichtern, verwendet der Kauderwelsch-Band „Tigrinya" seine **eigene Umschrift**, denn es gibt keine offizielle lateinische Umschrift für Tigrinya.

Die tigrinische Sprache legt auf die richtige Aussprache der Konsonanten (Mitlaute) großen Wert, da diese automatisch die Grundbedeutung eines Wortes ausmachen. Viele der Laute sind mit dem Deutschen deckungsgleich, jedoch gibt es eine Reihe anderer Laute, die ungewohnt klingen und geübt werden müssen.

Zuerst werden die Konsonanten vorgestellt, die unkompliziert sind. Manche Buchstaben sind doppelt vertreten, d. h. sie waren ursprünglich unterschiedliche Buchstaben, haben sich aber im Laufe der Zeit aneinander angeglichen und werden identisch ausgesprochen. Für **ß** werden die Buchstaben ሰ und ሠ, für **z** die Buchstaben ጸ und ፀ, für **h** ሀ und ኀ verwendet. Die Häufigkeit der Verwendung dieser Buchstaben ist sehr verschieden. In Eritrea wird ጸ verwendet, aber nur sehr selten ፀ. In Tigray ist es umgekehrt, was diesen Buchstaben angeht. Die Buchstaben ሠ und ኀ kommen insgesamt sehr selten vor.

	Laut	Name	Aussprache und Beispiel
በ	**b**	**bä**	„b“ wie in „Banane; **bäläß** (Kaktusfrucht)
ደ	**d**	**dä**	„d“ wie in „Donau“; **däbäna** (Wolke)
ፈ	**f**	**fä**	„f“ wie in „Fels“; **färäß** (Pferd)
ገ	**g**	**gä**	„g“ wie in „Gurt“; **gämäl** (Kamel)
ሀ	**h**	**ha/hä**	„h“ wie in „hell“; **hajmanot** (Religion)
ለ	**l**	**lä**	etwa wie „l“ in „laut“; **lämin** (Zitrone)
ከ	**k**	**kä**	„k“ wie in „Kilo“; **käbäro** (Trommel)
ኸ	**ch**	**chä**	immer rau wie „ch“ in „Bach“, **bächäjä** (er weinte)
መ	**m**	**mä**	ein „m“ wie in „Maus“; **mälhaß** (Zunge)
ነ	**n**	**nä**	ein „n“ wie in „Null“; **näbri** (Tiger)
ፐ	**p**	**pä**	wie das deutsche „p“ in „Polizei“; **poliß** (Polizei)
ሸ	**sch**	**schä**	entspricht dem deutschen „sch“ in „Schal“; **schambqo** (Flöte)
ተ	**t**	**tä**	ein klares „t“ wie in „Teig“; **tämri** (Datteln)
ቸ	**tsch**	**tschä**	ein hartes „tsch“ wie in „Quatsch“oder „Deutsch“; **lətschi** (ital. „luce“ für Licht)

Laute, die einer Erklärung bedürfen, sind:

	Laut	Name	Aussprache und Beispiel
አ	**' ('a/'ä)**	**alef**	ein sogenannter Stimmabsatz, am Silbenanfang wie in „be**'a**chten"
ዐ	**° (°a/°ä)**	**ajin**	ein kurzer stimmhafter Konsonant – in der zusammengepressten Kehle gebildetes „ä". Dieser Ton wird praktisch aus dem hinteren Rachenraum herausgepresst und klingt dadurch leicht dumpf; **°uf** (Vogel)
ጀ	**dsch**	**dschä**	stimmhaft wie in „**Dsch**ibuti"; **dschalba** (das Boot)
የ	**j**	**jä**	ein stimmhafter j-Laut wie in „**J**ahr" oder „**j**a": **jäman** (rechts)
ኘ	**ñ**	**ñä**	wie die Kombination „nj" in „Wa**nj**a" bzw. das spanische „ñ" in „se**ñ**or"
ረ	**r**	**rä**	ein gerolltes Zungenspitzen-R wie im Italienischen: **r'əsi** (Kopf)
ቀ	**q**	**qä**	ein dumpfes, hinter dem Gaumen gebildetes „q": **qur'an** (Koran)
ቐ	**qh**	**qhä**	stimmhafter Reibelaut, der hinter dem Gaumen gebildet wird, klingt wie eine Mischung aus dem Zäpfchen-r (nicht gerollt!) und einem „ch": **märäqh** (Suppe)
ሰ	**ß**	**ßä**	ein stimmloses „s" wie in „rei**ß**en": **ßäb** (Mensch)
ጸ	**z**	**zä**	ein „z" wie in „**Tsets**efliege", bzw. das deutsche „z" in „**Z**eitung"; **zənzəja** (die Mücke); **zälmat** (Dunkelheit)
ወ	**w**	**wä**	mit beiden Lippen gebildetes „w" wie in engl. „**w**ater": **wäjni** (Weintraube)

	Laut	Name	Aussprache und Beispiel
ዘ	**s**	**sä**	ein stimmhaftes („weiches") „s" wie in „rei**s**en": **sämän** (Zeitalter)
ዠ	**sch**	**schä**	ein stimmhaftes „sch" wie in „Journalist" oder „Gara**g**e"
ጠ	**t'**	**t'ä**	ein aus dem Gaumen gepresstes, fast verschlucktes „t"; **t'ajta** („Fladenbrot") oder **t'aliban;** so etwas gibt es in der deutschen Sprache überhaupt nicht, die Zungenspitze schlägt an den Gaumen. Ungefähr so wie ein missbilligendes Zungenschnalzen, aber weiter hinten.
ጨ	**tsch'**	**tsch'ä**	ein hart gepresstes „tsch" wie in „Qua**tsch**"; aber noch stärker: **tsch'äw** (Salz); so ein Laut existiert nicht in der deutschen Sprache. Der mittlere Bereich der Zunge schlägt den Gaumen stark.
ሐ	**h**	**ha / hä**	ein gehauchtes „h", stärker als in „**H**aus", aber schwächer als in „a**ch**", fast wie das Fauchen einer Katze. Oder wenn man das Wort „Schach" ganz laut flüstert, ist man recht nahe dran: **hamli** (Gemüse)
ቨ	**v**	**vä**	ein stimmhaftes „w" wie in „**W**asser" (kommt nur in Lehnwörtern vor)
ጰ	**p'**	**p'ä**	ein mit beiden Lippen gebildeter p-Laut, der aber eher explosionsartig hinausgeschleudert wird; **P'auloß** (Paulus), nur in Lehnwörtern.

U-haltige Kehl- und Gaumenlaute (kommen selten vor)			
ቈ	**q^w**	**q^wä**	Dieser Laut existiert nicht in der deutschen Sprache, ein dumpfes, hinter dem Gaumen gebildetes u-haltiges „q“ etwa wie in „**Qu**elle“; **q^wäntsch'i** (Flöhe).
ቘ	**qh^w**	**qh^wä**	ein stimmhafter u-haltiger Reibelaut, der hinter dem Gaumen gebildet wird. Er klingt wie eine Mischung aus dem Zäpfchen-r (nicht gerollt!) und einem „ch“ wie in „Ba**ch**“, dieser Laut existiert auch nicht in der deutschen Sprache.
ኰ	**k^w**	**k^wä**	ein u-haltiges „k“ wie in „**qu**er“ oder „**Qu**elle“; **k^wenat** (Speer)
ዀ	**ch^w**	**ch^wä**	rau wie „ch“ in „Ba**ch**“, jedoch u-haltig; „**Qu**elle“ nicht als q, sondern als ch ausgesprochen („**Ch**uelle“)
ጐ	**g^w**	**g^wä**	ein u-haltiges deutsches g, etwa wie im Spanischen „**gu**ardia“: **g^wal** (Mädchen)

Da die Sprachen so unterschiedlich sind, sind manche Laute nur schwer zu beschreiben. Manchmal hören Deutsche anfangs gar keinen Unterschied zwischen zwei Lauten, die im Tigrinya bedeutungsunterscheidend sind. Da hilft nur Ausdauer. Lassen Sie sich die ungewohnten Laute immer wieder vorsprechen. Mit etwas Übung werden Sie sie unterscheiden lernen und sich der richtigen Aussprache annähern. Nur Mut!

Vokale (Selbstlaute)

Die Geez-Schrift ist ein so genanntes Abugida-Schriftsystem. Vereinfacht gesagt bedeutet das, dass Vokale nicht als eigenständige Zeichen stehen, sondern an dem die Silbe bestimmenden Konsonanten markiert werden. Es gibt also kein eigenständiges Vokalzeichen wie im lateinischen Alphabet. Um Vokale anzuzeigen, wird die konsonantische Grundform entsprechend variiert. Die Vokale werden in der Geez-Schrift traditionell in sieben **Reihenfolgen (hier Ordnungen)** unterschieden. Je nachdem, mit welchem Vokal die Silbe gebildet wird, steht der **Konsonant (Radikal)** in der entsprechenden Ordnung. Die Tabelle im nächsten Kapitel veranschaulicht das System.

Name	Laut		Aussprache
Geez	**a/ä**	Vokal 1. Ordnung	„ä" wie in „B**ä**r", z. B. **däsa** (Gemeindeland)
ka°əb	**u**	Vokal 2. Ordnung	„u" wie in „**U**nfall", z. B. **dubba** (Kürbis)
sals	**i**	Vokal 3. Ordnung	„i" wie in „**I**nsel", z. B. **Israel**
rab°ə	**a**	Vokal 4. Ordnung	„a" wie in „**A**mt", z. B. **Abbo** (Vater)
h̲ams	**e**	Vokal 5. Ordnung	„e" wie in „W**e**g", z. B. **meß** (Met, Honigwein)
sads	„Nullvokal"	Vokal 6. Ordnung	Existiert im Deutschen nicht; Nullvokal **ə** (sog. „Schwa-Laut")
sab°ə	**o**	Vokal 7. Ordnung	„o" wie in „**o**ft"; z. B. **lomi** (heute)

Anmerkungen

Einige Laute des Tigrinya, wie **ዐ °, ቀ q, ቐ qh, ጠ t', ጨ tsch', ሐ h̲, ዠ sch** oder **ጸ p'** sind für deutschsprachige Lernende sicherlich eine echte Herausforderung. Man sollte nicht aufgeben, sie zu üben.

Über die Schrift

Die Geez-Schrift kennt keine Groß- und Kleinschreibung und wird im Gegensatz zu Arabisch und Hebräisch von links nach rechts geschrieben. Die Buchstaben werden nicht verbunden, wenn auch in handschriftlichen Texten die unverbunden bleibenden Zeichen oft verschliffen geschrieben werden. Es handelt sich bei der Geez-Schrift nicht um ein Alphabet im strikten Sinne des Wortes, sondern um eine Silbenschrift, in der ein Zeichen eine Silbe, bestehend aus einem Konsonanten und einem Vokal, repräsentiert.

In der Geez -Schrift gibt es 26 Konsonanten, die im Tigrinya als **ፊደላት fidälat** bezeichnet werden. Sie treten in 7 Variationen auf, die jeweils einen ergänzten Vokal darstellen. Außerdem gibt es einen sogenannten Nullvokal. Dann besteht die Silbe nur aus einem Konsonanten und einem nicht gesprochenen Vokal und entspricht nicht unbedingt der europäischen Vorstellung von einer „Silbe". Zusätzlich zu diesen 182 Silbenzeichen gibt es einige Dutzend Zeichen für besondere Lautverbindungen. Es ist folglich sehr aufwendig, das ganze Geez-Alphabet darzustellen. Um sich bildlich vorstellen zu können, wie die Silben eines jeden Grundkonsonanten aufgebaut sind, gebe ich einige Beispiele, wie unten angegeben. Aus dem Konsonanten **ተ t** zum Beispiel gehen sieben Silben hervor: **ተ tä, ቱ tu, ቲ ti, ታ ta, ቴ te, ት tə, ቶ to** (**ə** = Nullvokal oder dumpfes **e**). So verfährt man auch mit den anderen Konsonanten.

	1. ä/a	2.u	3.i	4.a	5.e	6. ə	7.o
h	ሀ	ሁ	ሂ	ሃ	ሄ	ህ	ሆ
h (2.)	ኀ	ኁ	ኂ	ኃ	ኄ	ኅ	ኆ
l	ለ	ሉ	ሊ	ላ	ሌ	ል	ሎ
h̲	ሐ	ሑ	ሒ	ሓ	ሔ	ሕ	ሖ
m	መ	ሙ	ሚ	ማ	ሜ	ም	ሞ

ß	ሰ	ሱ	ሲ	ሳ	ሴ	ስ	ሶ
ß (2.)	ሠ	ሡ	ሢ	ሣ	ሤ	ሥ	ሦ
sch	ሸ	ሹ	ሺ	ሻ	ሼ	ሽ	ሾ
~~sch~~	ዠ	ዡ	ዢ	ዣ	ዤ	ዥ	ዦ
r	ረ	ሩ	ሪ	ራ	ሬ	ር	ሮ
q	ቀ	ቁ	ቂ	ቃ	ቄ	ቅ	ቆ
qh	ቐ	ቑ	ቒ	ቓ	ቔ	ቕ	ቖ
b	በ	ቡ	ቢ	ባ	ቤ	ብ	ቦ
v	ቨ	ቩ	ቪ	ቫ	ቬ	ቭ	ቮ
t	ተ	ቱ	ቲ	ታ	ቴ	ት	ቶ
tsch	ቸ	ቹ	ቺ	ቻ	ቼ	ች	ቾ
n	ነ	ኑ	ኒ	ና	ኔ	ን	ኖ
ñ	ኘ	ኙ	ኚ	ኛ	ኜ	ኝ	ኞ
’	አ	ኡ	ኢ	ኣ	ኤ	እ	ኦ
k	ከ	ኩ	ኪ	ካ	ኬ	ክ	ኮ
ch	ኸ	ኹ	ኺ	ኻ	ኼ	ኽ	ኾ
w	ወ	ዉ	ዊ	ዋ	ዌ	ው	ዎ
°	ዐ	ዑ	ዒ	ዓ	ዔ	ዕ	ዖ
s	ዘ	ዙ	ዚ	ዛ	ዜ	ዝ	ዞ
j	የ	ዩ	ዪ	ያ	ዬ	ይ	ዮ
d	ደ	ዱ	ዲ	ዳ	ዴ	ድ	ዶ
dsch	ጀ	ጁ	ጂ	ጃ	ጄ	ጅ	ጆ
g	ገ	ጉ	ጊ	ጋ	ጌ	ግ	ጎ
t’	ጠ	ጡ	ጢ	ጣ	ጤ	ጥ	ጦ
tsch’	ጨ	ጩ	ጪ	ጫ	ጬ	ጭ	ጮ
f	ፈ	ፉ	ፊ	ፋ	ፌ	ፍ	ፎ
p	ፐ	ፑ	ፒ	ፓ	ፔ	ፕ	ፖ
p’	ጰ	ጱ	ጲ	ጳ	ጴ	ጵ	ጶ
z	ጸ	ጹ	ጺ	ጻ	ጼ	ጽ	ጾ
z (2.)	ፀ	ፁ	ፂ	ፃ	ፄ	ፅ	ፆ

Es gibt Sonderbuchstaben, die nicht sehr oft verwendet werden, jedoch bei einigen Begriffen auftreten. Sie sind u-haltig. Davon sind in Tigrinya die Konsonanten **q** bzw. **qh, k** bzw. **ch** und **g** betroffen. Von den 7 Vokal-Ordnungen entfallen die 2. und die 7. Ordnung (o und u).

ä		i		a		e		ə	
ቈ	q^{w}ä	ቊ	q^{w}i	ቋ	q^{w}a	ቌ	q^{w}e	ቍ	q^{w}ə
ቘ	qh^{w}ä	ቚ	qh^{w}i	ቛ	qh^{w}a	ቜ	qh^{w}e	ቝ	qh^{w}ə
ኰ	k^{w}ä	ኲ	k^{w}i	ኳ	k^{w}a	ኴ	k^{w}e	ኵ	k^{w}ə
ዀ	ch^{w}ä	ዂ	ch^{w}i	ዃ	ch^{w}a	ዄ	ch^{w}e	ዅ	ch^{w}ə
ጐ	g^{w}ä	ጒ	g^{w}i	ጓ	g^{w}a	ጔ	g^{w}e	ጕ	g^{w}ə

Die tigrinische Silbenschrift unterscheidet sich deutlich von den anderen semitischen Sprachen, da diese reine Konsonantenschriften verwenden. Wenn man zum Beispiel das Wort „HND“ schreibt, kann man nach dem hebräischen oder arabischen unvokalisierten Schriftsystem „Hund“ oder „Hand“ lesen. Dagegen ist im Tigrinya der Vokal in der Silbenschrift festgelegt. Es gibt also keine Verwechslungen, da durch die Silbe die Eindeutigkeit der Aussprache gegeben ist.

Die Schwierigkeit der Geez-Silbenschrift ist in erster Linie, dass man alle 182 Silbenzeichen lernen muss, um schreiben und lesen zu können. Allerdings werden in der Geez-Silbenschrift Doppelkonsonanten nicht geschrieben. Wo ein Doppelkonsonant gesprochen wird, muss für jedes Wort gelernt werden **(siehe Seite 57).** Ebenso ist die sechste Ordnung mehrdeutig, da die Silbe entweder ohne Vokal oder mit einem dumpfen „e“ gesprochen wird. Auch hier muss die korrekte Aussprache für jedes Wort gelernt werden. Die Lautschrift hilft dabei.

Dazu ist wichtig zu wissen: Die Rechtschreibung ist nicht standardisiert, und die Aussprache kann regional variieren. Da die Vokale oft, aber nicht immer bedeutungsunterscheidend sind, kann es für ein Wort regional auch verschiedene Schreibweisen geben. Man kann sich das so vorstellen, als wäre in München eine andere Rechtschreibung üblich als in Hamburg. Da es ebenfalls keine offizielle lateinische Transkription gibt, habe ich die Lautschrift für Deutschsprachige selbst entwickelt und dabei versucht, die tigrinische Aussprache so genau wie möglich abzubilden. Ganz ohne Kompromisse geht das nicht, und so kann es passieren, dass Sie auch einmal ein Wort in zwei Schreibweisen entdecken, ohne dass man mit Bestimmtheit sagen könnte, welche Variante nun die „richtigere“ ist. Die Schrift verwendet auch andere Satzzeichen als die lateinische:

፣	Komma
።	Punkt
፦	Doppelpunkt
፤	Semikolon
፧	Fragezeichen (selten in Gebrauch)

Die Buchstaben der ersten tigrinischen Vokalordnung (1. Ordnung) wurden traditionell **ä** ausgesprochen, mit Ausnahme der Buchstaben **ሀ h, ሐ h̲, ዐ °** und **አ .** Diese vier Buchstaben wurden wie der vierte Vokal (4. Ordnung) **a** ausgesprochen. Im heutigen Eritrea werden **ሀ**, **ሐ** und **አ** jedoch nicht mehr mit dem vierten, sondern mit dem ersten Vokal gesprochen, also mit **ä.** Dementsprechend hat sich auch die Schreibweise angepasst: Wenn ich zum Beispiel auf Tigrinya „Löwe“ **(anbäßa)** schreiben will, schreibe ich nicht mehr, wie früher üblich, **አንበሳ**, sondern **ኣንበሳ**.

Wortbildung

Wie in allen semitischen Sprachen lässt sich auch im Tigrinya beinahe jedes Wort auf seine konsonantische Wurzel zurückführen. Um sich dies bildlich vorzustellen, könnte man (sehr vereinfacht) sagen, dass der Wortkörper aus „Skelett“ und „Fleisch“ besteht. Die Konsonanten stellen das „Skelett“ und die Vokale das „Fleisch“ dar. Man sollte noch bedenken, dass **ኽ** **ch**, **ሽ** **sch** und **ች** **tsch** im Tigrinischen jeweils als ein einziger Buchstabe gelten und nicht wie im Deutschen als zwei, drei oder vier.

Am Beispiel des Wortes **ጸሓፈ** **zähafä** (er schrieb) kann man sehen, dass die Wurzel des Wortes aus den Konsonanten **z-h-f** besteht. Das Skelett **z-h-f** kann in Kombination mit Vokalen die Eigenschaften von Adjektiven, Nomen oder Verben annehmen. Darin liegt die Flexibilität einer semitischen Sprache wie Tigrinya.

ጽሕፈት	**zəhfät**	die Schrift
መጽሓፍ	**mäzəhaf**	das Buch
ጸሓፊ	**zähafi**	der Schreiber / der Schriftsteller
ጸሓፈ	**zähafä**	er schrieb
ጽሑፍ	**zəhuf**	etwas Geschriebenes
ኣጸሓሕፋ	**azähahəfa**	die Art und Weise des Schreibens

In der 2. und 3. Person wird das Verb im Tigrinya nach Geschlecht und Zahl gebeugt. Als Beispiel: Wenn „du“ bzw. „ihr“ das Subjekt ist, dann haben wir vier verschiedene Verbformen – abhängig davon, ob das „du“ bzw. „ihr“ männlich oder weiblich ist. Ich verwende das oben genannte Verb **ጸሓፈ** **zähafä**, um das zu verdeutlichen:

Singular		
ጸሓፍካ zähaf-ka	*schriebst-du(m)*	du hast geschrieben
ጸሓፍኪ zähaf-ki	*schriebst-du(w)*	du hast geschrieben

Plural		
ጸሓፍኩም zähaf-kum	*schriebt-ihr(m)*	ihr habt geschrieben
ጸሓፍክን zähaf-kən	*schriebt-ihr(w)*	ihr habt geschrieben

Nomen

Im Tigrinya unterscheidet man nur zwischen zwei grammatischen Geschlechtern: männlich und weiblich (die im Weiteren mit „w“ und „m“ abgekürzt werden). Ein Neutrum gibt es nicht. Die meisten Nomen haben im Singular keine besondere Kennzeichnung des Geschlechts. Sie sind weiblich oder männlich – je nach den natürlichen Gegebenheiten.

Wörter, die spezifisch Männer meinen		
ወዲ	**wädi**	Sohn
ሰብኣይ	**ßäb'aj**	Mann
ኣቦ	**abbo**	Vater
ሓው	**haw**	Bruder
ኣባሓጎ	**abba-hago**	Großvater

Wörter, die spezifisch Frauen meinen		
ጓል	**g^{w}al**	Mädchen
ሰበይቲ	**ßäbäjəti**	Frau
ኣደ	**addä**	Mutter
ሓብቲ	**habti**	Schwester
ዓባይ	**°abaj**	Großmutter

Städte- und Ländernamen sind weiblich:

ኣስመራ	**aßmära**	Asmara
ኣዲስ ኣበባ	**addiß abäba**	Addis Abeba
ኢትዮጵያ	**itjop'ja**	Äthiopien
ካርቱም	**kartum**	Khartoum
ሱዳን	**ßudan**	Sudan
ካይሮ	**kajro**	Kairo
ግብጺ	**gbzi**	Ägypten
ሱዕዲ ዓረብ	**ßu°ədi °aräb**	Saudi-Arabien
ጀርመን	**dschärmän**	Deutschland
ስዊዝ	**ßwiz**	Schweiz
ኣውስትርያ	**außtrja**	Österreich
ኣመሪካ	**amärika**	Amerika

Einige Wörter, die gewohnheitsmäßig weiblich sind:

ጸሓይ	**zähaj**	(die) Sonne
ወርሒ	**wärhi**	(der) Mond
ቤት ትምህርቲ	**bet tmhərti**	(die) Schule
ከተማ	**kätäma**	(die) Stadt
ሽምዓ	**schəm°a**	(die) Kerze
ኩዕሶ	**kʷə°əßo**	(der) Ball

Einige Wörter, die gewohnheitsmäßig männlich sind:

ንፋስ	**nfaß**	(der) Wind
ኩናት	**kʷänat**	(der) Krieg / der Speer
ሓዊ	**hawi**	(das) Feuer

ኮኾብ	**kochob**	(der) Stern
ወረቐት	**wäräqhät**	(das) Papier
ማዕጾ	**ma°əzo**	(die) Tür
ዘርኢ	**sär'i**	(der) Samen

Für Nomen ohne natürliche Geschlechtskennzeichnung gilt, dass man nicht ohne weiteres an spezifischen Endungen erkennt, ob sie männlich oder weiblich sind. Dafür ist das grammatische Geschlecht aber im Gegensatz zum Deutschen häufig nicht definitiv festgelegt. So sind die Wörter **ጸሓይ zähaj** „Sonne" und **ወርሒ wärhi** „Mond" weiblich, doch **መጽሓፍ mäzəhaf** „Buch" kann, je nach Sprecher, auf die eine oder andere Weise verwendet werden. **ጎቦ gobo** „Berg" und **ሩባ ruba** „Fluss" sind männlichen Geschlechts, dagegen haben **ዓለም °aläm** „Welt" und **ምድሪ mdri** „Erde" ein weibliches Geschlecht.

Bei dem Wort **ድኳን dəkʷan** „Laden" zum Beispiel ist die Geschlechtsbestimmung gar nicht festgelegt, es wird im Alltag mal weiblich, mal männlich benannt.

Das Tigrinya besitzt keinen Artikel, das heißt, dass ein Wort wie **ኣቦ abbo** je nach Satzzusammenhang als „Vater", „ein Vater" oder „der Vater" übersetzt werden kann. Weitere wichtige Nomen (im Singular):

Männliche Nomen		
ዕዳጋ	**°ədaga**	(der) Markt
ጋሻ	**gascha**	(der) Gast
ተመሃራይ	**tämäharaj**	(der) Student
ዓርኪ	**°arki**	(der) Freund
ገንዘብ	**gänsäb**	(das) Geld

Weibliche Nomen		
ነፋሪት	**näfarit**	(das) Flugzeug
መንገዲ	**mängädi**	(der) Weg
ጸሓይ	**zä<u>h</u>aj**	(die) Sonne
ካምፓኒ	**kampani**	(die) Firma
ጓል	**gʷal**	(das) Mädchen
መዓልቲ	**mä°alti**	(der) Tag
ሆቴል	**hotel**	(das) Hotel
አቶቡስ	**ətobuß**	(der) Bus
ዓይኒ	**°ajni**	(das) Auge
ትምህርቲ	**tmhərti**	(die) Schule
ሃገር	**hagär**	(der) Staat
ታሴራ	**taßära**	(der) Ausweis

Viele Nomen sind auch von Verben abgeleitet. Beispiele:

Verbgrundform		Verbalnomen	
ኣለመ **alämä**	er wob	ኣላሚ **alami**	(der) Weber
ፈረደ **färädä**	er urteilte	ፈራዲ **färadi**	(der) Richter
ዓጸወ **°azäwä**	er schloss	ማዕጾ **ma°zo**	(die) Tür
ዘወረ **säwärä**	er fuhr	ዘዋሪ **säwari**	(der) Fahrer

Pluralbildung

Auch im Tigrinya unterscheidet man zwischen Singular (Einzahl) und Plural (Mehrzahl). Es gibt eine sogenannte starke und eine schwache Pluralbildung. Bei der schwachen Pluralbildung wird die Endung **-ታት -tat** an das entsprechende Nomen angehängt. Es findet dabei keine Vokalumstellung am Nomen selbst statt.

Die grundsätzliche Pluralbildung ist **-ኣት -at**, bzw. bei Wörtern, die auf einen Vokal enden **-ታት -tat**. Im Zweifelsfall kann man diese Endungen verwenden, auch wenn es grammatikalisch nicht ganz richtig ist – die Leute werden einen verstehen. Bei der starken Pluralbildung findet hingegen eine grundsätzliche Veränderung der Vokalstruktur des Nomens statt. Zusätzlich treten die Endungen **-ኣት** **-at**, **-ታት** **-tat** und **-ኡት** **-ut** auf.

ሰበይቲ	**ßäbäjəti**	Frau
ኣንሰቲ	**anəßti**	Frauen
ቤት	**bet**	Haus
ኣባይቲ	**abajəti**	Häuser
ህዝቢ	**hsbi**	Volk
ኣህዛብ	**ahsab**	Völker

Es gibt im Tigrinya mehr Pluralformen als die oben erwähnten. Sie hier zu analysieren, würde den Rahmen sprengen. Erwähnenswert sind sie jedoch allemal. Die Suffixe werden an die Nomen angehängt, je nach Vokalendungen: **-ኣን** **-an**,**-ያን** **-yan** und **-ኡት** **-ut.** Einige Nomen mit starkem Vokalwechsel sind beispielsweise:

ቆልዓ	**qol°a**	Kind
ቆልዑት	**qol°ut**	Kinder
መምህር	**mämhər**	Lehrer
መምሃራን	**mämharan**	die Lehrer
ጀርመን	**dschärmän**	Deutscher
ጀርመናውያን	**dschärmänawjan**	die Deutschen

Es folgen einige Nomen, die eher einer schwachen Pluralbildung entsprechen, obwohl auch am letzten Stammkonsonanten Vokaländerungen stattfinden.

ጥራዝ	**t'ras**	Heft
ጥራዛት	**t'rasat**	Hefte
ክፍሊ	**kfli**	Raum
ክፍልታት	**kflətat**	Räume
መጽሓፍ	**mäzəhaf**	Buch
መጻሕፍቲ	**mäzahəfti**	Bücher

Wenn die Vokalendung eines Nomens in der siebten Ordnung des Geez-Alphabets steht (**-o**), haben wir die „reine" schwache Pluralbildung. Ein Beispiel:

ጎቦ	**gobo**	Berg
ጎቦታት	**gobotat**	Berge
ኣጕዶ	**agʷədo**	Hütte
ኣጓዱ	**agʷadu**	Hütten

Ähnlich wie mit den oben genannten Pluralbeispielen verfährt man auch mit Adjektiven und Adverbien. Das Adverb **ብዙሕ bsuh** „viel", im Plural **ብዙሓት bsuhat** „viele", wird verwendet, um eine unbestimmt große Anzahl von etwas auszudrücken.

Im Tigrinya beschreibt der Singular nicht immer etwas „Einzelnes", sondern kann auch die Gesamtheit von etwas ausdrücken. Einige Beispiele:

ማይ	**maj**	Wasser
ዓሳ	**°aßa**	Fisch
ስጋ	**ßga**	Fleisch
ሳዕሪ	**ßa°ri**	Gras
ሓምሊ	**hamli**	Gemüse
ፍረ ተኽሊ / ፍሩታ	**frä tächli / fruta**	Obst

ቱፋሕ	**tuffah**	Äpfel
በናና	**bänana**	Bananen
ተምሪ	**tämri**	Datteln
ብርጭቕ	**bərtsch'əqh**	Melonen
ለሚን	**lämin**	Zitronen

Zusammengesetzte Nomen

Wie im Deutschen lassen sich auch zusammengesetzte Nomen bilden. Dabei ist die Reihenfolge jedoch umgekehrt. Die beiden Nomen werden getrennt geschrieben, manchmal trennt man sie durch einen Bindestrich. Um diese Wörter zu bilden, kann man sich zunächst die Genitivform in Form von **naj** bilden:

ሓኪም ናይ ስኒ
hakim naj ßni
Arzt von Zahn
Zahnarzt

ኲዕሶ ናይ እግሪ
ku°ßo naj əgəri
Ball von Fuß
Fußball

Anschließend lässt man einfach das Possessivpronomen ናይ **naj** weg. Grundsätzlich können alle Nomen auf diese Weise zusammengesetzt werden.

ሓኪም ስኒ **hakim ßni**	*Arzt Zahn*	Zahnarzt
ቤት መግቢ **bet mägbi**	*Haus Essen*	Restaurant
እንዳ ሻሂ **ənda schahi**	*Haus Tee*	Teehaus
መውዓል ሕጻናት **mäw°al hzanat**	*Aufenthalt Babys*	Kindergarten
ማእከል ከተማ **ma'əkäl kätäma**	*Mitte Stadt*	Stadtzentrum

Dieses und Jenes

Demonstrativpronomen werden im Tigrinya vor das Nomen gestellt und werden nach Geschlecht und Zahl gebeugt.

Singular		
እዚ	**əsi**	dieser hier (m)
እዚኣ	**əsi'a**	diese hier (w)
Plural		
እዚኣቶም	**əsi'atom**	diese hier (m, Pl)
እዚኣተን	**əsi'atän**	diese hier (w, Pl)
Höflichkeitsform		
እዚኦም	**əsi'om**	diese (m)
እዚኤን	**əsi'en**	jene (w)

Ältere Menschen und Amtsinhaber werden grundsätzlich in der Höflichkeitsform angesprochen. Sonst ist die Du-Form die übliche Form. **Dazu mehr im Kapitel „Begrüßen und Verabschieden" auf Seite 100.**

Singular		
እቲ	**əti**	jener dort (m)
እቲኣ	**əti'a**	jene dort (w)
Plural		
እቲኣቶም	**əti'atom**	jene dort (m, Pl)
እቲኣተን	**əti'atän**	jene dort (w, Pl)
Höflichkeitsform		
እቲኦም	**əti'om**	jene (m)
እቲኤን	**əti'en**	jene (w)

እዚ ሕብሪ ሓምላይ እዩ
əsi hbri hamlaj əju.
dieser Farbe grün er-ist
Die Farbe ist grün.

እቲኣ ላም ቀያሕ እያ
əti'a lam qäjah əja.
jene Kuh rot sie-ist
Jene Kuh ist rot.

እዚ ክረምቲ ወጺኡ
əsi krämti wäzi'u.
dieser Winter kam-er-heraus
Dieser Winter ist vorüber.

እቲ ወዲ ሓሚሙ ኣሎ
əti wädi hamimu allo.
jener Sohn krank existiert-er
Jener Sohn ist erkrankt.

Adjektive

Adjektive (Eigenschaftswörter) stehen wie im Deutschen vor dem Nomen, auf das sie sich beziehen und richten sich nach diesem in Geschlecht und Zahl. Adjektive können dabei sowohl als Ergänzung des Prädikats als auch als nähere Bestimmung des Nomens auftreten, z. B:

እታ ጽብቕቲ ቆልዓ
əta zəbəqhti qol°a
das schöne Kind

In diesem Fall verwendet die tigrinische Sprache, da sie keinen Artikel besitzt, ein Demonstrativpronomen. Das Kennzeichen für das weibliche Adjektiv ist oft, wie an dem Wort **ጽብቕቲ zəbəqhti** „schön" zu erkennen ist, die Endung **-ቲ -ti.** Wo **-ት -t** oder-**ቲ -ti** an Nomenendungen, **-it** und **-ቲ -ti** an Adjektivendungen existieren, erkennt man, dass die Begriffe Weiblichkeit ausdrücken. Sonst gibt es keine Anhaltspunkte für Geschlechterzuordnungen. Deshalb ist es ein kleiner Hinweis, aber keine durchgängige Regelmäßigkeit für die Verwendung der Endung **-ት -t** oder **-ቲ -ti.**

Singular männlich (m) und weiblich (w)		
ጽቡቕ	**zbuqh**	schön (m)
ጽብቕቲ	**zəbəqhti**	schön (w)
አረጊት	**arägit**	alt (m)
አረጊት	**arägit**	alt (w)
ሕሙም	**hmum**	krank (m)
ሕምምቲ	**hməmti**	krank (w)
ቅልጡፍ	**qlt'uf**	schnell (m)
ቅልጥፍቲ	**qlt'əfti**	schnell (w)
ንፉዕ	**nfu°ə**	aktiv (m)
ንፍዕቲ	**nf°əti**	aktiv (w)

Einige Adjektive haben sowohl eine männliche als auch eine weibliche Form. Meistens wird aber das männliche Adjektiv auch weiblich angewendet. Eine durchgehende Deklination der Adjektive je nach Geschlecht gibt es in der tigrinischen Sprache nicht. Auch bei der Pluralbildung der Adjektive gibt es keine grundsätzliche Regelmäßigkeit der Endungen.

Singular		
ሓዲሽ ገዛ **hadisch gäsa**	*neu Haus*	neues Haus
ጽቡቕ ቤት ምግቢ **zbuqh bet məgbi**	*schön Haus Essen*	gutes Restaurant
ዉዑይ ማይ **wu°uj maj**	*heiß Wasser*	heißes Wasser
ሓያል ሰበይቲ **hajal ßäbäjti**	*stark Frau*	starke Frau
ከቢድ ጾር **käbid zor**	*schwer Last*	schwere Last
ክቡር ገዛ **kbur gäsa**	*teuer Haus*	teures Haus

Plural		
ሓደሽቲ ገዛውቲ **hadäschti gäsauti**	*neue Häuser*	neue Häuser
ጽቡቓት ቤት መግብታት **zbuqhat bet mägbətat**	*schöne Haus Essen*	gute Restaurants

bet und **gäsa** bedeutet beides „Haus“, es gibt keinen Unterschied im Wortsinn. Viele Adjektive sind auch von Verben abgeleitet. Hierzu einige Beispiele:

Verbgrundform		Verbaladjektiv	
ሰበረ **ßäbärä**	er zerbrach	ሰቡር **ßbur**	gebrochenes
ከፈተ **käfätä**	er öffnete	ክፉት **kfut**	geöffnetes
ዓጸወ **°azäwä**	er schloss	ዕጹው **°əzuw**	geschlossenes

Weitere wichtige Adjektive		
ጽቡቕ	**zbuqh**	gut
ሕማቕ	**hmaqh**	schlecht
ዓቢ	**°abi**	groß
ንእሽቶ	**nə’əschto**	klein
ጽብቕቲ	**zəbəqhti**	schön
ክፉእ	**kfu’ə**	hässlich
ነዊሕ	**näwih**	lang
ሓጺር	**hazir**	kurz
ሕሙም	**hmum**	krank
ጥዑይ	**t’°uj**	gesund
ሓያል	**hajal**	stark
ድኹም	**dchum**	schwach
ሓድሽ	**hadäsch**	neu
ኣረጊት	**arägit**	alt (Sache)
ዓቢ	**°abi**	alt (Mensch)

ዕጉብ	°əgub	zufrieden
ዉዑይ	wu°uj	warm / heiß
ዝሑል	shul	kalt
ሕሱር	hßur	billig
ክቡር	kbur	teuer
ቅልጡፍ	qlt'uf	schnell
ህዱእ	hdu'ə	langsam
ሽኮራዊ	schkorawi	süß
ሽኮሪና	schkorina	du Süße (w)
መጺጽ	mäziz	sauer
ብዙሕ	bsuh	viel
ሒደት	hidät	wenig
ቀረባ	qäräba	nah
ርሑቕ	rhuqh	weit
ከቢድ	käbid	schwer (Gewicht)
ፈኲስ	fäkʷiß	leicht (Gewicht)
ቀሊል	qälil	einfach
ትዓብ	t°ab	schwierig
ሃብታም	habtam	reich
ድኻ	dəcha	arm (finanziell)
ምስኪን	mßkin	arm (bemitleidenswert)
ላዕሊ	la°əli	hoch
ምሉእ	mlu'ə	voll
ነጻ	näza	leer
ድኹም	dchum	müde
ሓቂ	haqi	richtig
ጌጋ	gega	falsch
ሕጉስ	hguß	glücklich
ሕዙን	hsun	traurig
ንግሆ	ngho	früh

ህዉኽ	**hwuch**	gehetzt, in Eile
በሊሕ	**bäliẖ**	intelligent
ጽሉል	**zlul**	verrückt
ብላሽ	**blasch**	umsonst, unnütz
ጥዑም	**t'°um**	lecker
ረጉድ	**räg^{w}id**	dick
Farben		
ጻዕዳ	**za°əda**	weiß
ጸሊም	**zälim**	schwarz
ቀይሕ	**qäjəẖ**	rot
ሰማያዊ	**ßämajawi**	blau
ብጫ	**bətsch'a**	gelb
ሓምላይ	**ẖamlaj**	grün
ቡናዊ	**bunawi**	braun, wörtlich: kaffeefarben
ሓሙኹሽታይ	**ẖamuch^{w}uschtaj**	grau
ወርቃዊ	**wärqawi**	golden
ብሩራዊ	**brurawi**	silbern

Steigern und Vergleichen

Bei der Steigerung von Adjektiven spielt das Wort **ብጣዕሚ bət'a°mi** eine Schlüsselrolle. Sie besteht aus der Präposition **ብ- b-** und aus dem Nomen „Geschmack" **ጣዕሚ t'a°mi.** Die wörtliche Übersetzung dazu ist „durch-Geschmack". Zusammen geben diese Worte sinngemäß das Adverb „sehr" wieder.

ብጣዕሚ ጽቡቕ	**bət'a°mi zbuqh**	sehr gut
ብጣዕሚ ክፉእ	**bət'a°mi kfu'ə**	sehr schlecht

Will man zwei Dinge vergleichen, stellt man die Präposition ካብ **kab** (als / von) dazwischen. Hier wird kein Hilfsverb gebraucht.

ሃና ካብ ጸጋ ትነውሕ
Hanna kab Zäga tnäwəh.
Hanna als Tsega länger
Hanna ist größer als Tsega.

ምድሪ ካብ ጸሓይ ትንእስ
mdri kab zähaj tnə'əß.
Erde als Sonne kleiner
Die Erde ist kleiner als die Sonne.

Auch die Endungen der persönlichen Fürwörter können an die Präposition ካብ **kab** (als / von) angefügt werden.

ዓሊ ካባይ ይህብትም
°Ali kabaj jəhbtəm.
Ali als-ich reicher
Ali ist reicher als ich.

Wenn man sagen will, dass etwas zu groß, zu teuer etc. ist, setzt man das tigrinische Adverb ኣዝዩ **asəju** (m) bzw. ኣዝያ **asəja** (w) („viel", „sehr") vor das entsprechende Adjektiv. Dieser Ausdruck wird nicht nur im Sinne von „zu sehr" verwendet, sondern auch allgemein zur Verstärkung, siehe Beispiele unten.

ኣዝዩ ዓቢ	**asəju °abi**	zu groß (m)
ኣዝያ ዓባይ	**asəja °abaj**	zu groß (w)
ኣዝዩ ክቡር	**asəju kbur**	zu teuer (m)
ኣዝያ ክብርቲ	**asəja kbərti**	zu teuer (w)

ነልሶን ማንዴላ ኣዝዩ ውሩይ ሰብ እዩ ነይሩ
Nälßon Mandela asəju wəruj ßäb əju näjru.
Nelson Mandela sehr berühmt Mensch er-ist gewesen
Nelson Mandela war ein sehr berühmter Mensch.

ኣፍሪቃ ኣዝያ ዓባይ ኣህጉር እያ

Afriqa asəja °abaj ahgur əja.

Afrika sehr groß Kontinent sie-ist

Afrika ist ein sehr großer Kontinent.

Superlative werden im Tigrinya durch das Präfix (die Vorsilbe) des Relativsatzes gebildet. Das Präfix **ዝ- s-** wird dem Adjektiv (!) vorangestellt. Beispiele:

እቲ ዝነውሐ መንገዲ

əti sənäwəhe mängädi

jener der-am-längsten Weg

der längste Weg

እታ ዝጸበቐት ጓል

əta səzäbäqhät g^w^ul

jene die-am-schönsten Mädchen

das schönste Mädchen

Personalpronomen

Die handelnde Person ist bereits in der Verbform angezeigt, so dass Personalpronomen (persönliche Fürwörter) nicht unbedingt erforderlich sind. Man verwendet sie aber, um eine Person besonders hervorzuheben oder zu betonen.

እኔ	**anä**	ich
ንስኻ	**nßə-cha**	du (m)
ንስኺ	**nßə-chi**	du (w)
ንሱ	**nß-u**	er
ንሳ	**nß-a**	sie

ንሕና	**nh-na**	wir
ንስኻትኩም	**nßəchat-kum**	ihr (m)
ንስኻትክን	**nßəchat-kən**	ihr (w)
ንሳቶም	**nßa-tom**	sie (m)
ንሳተን	**nßa-tän**	sie (w)

Höflichkeitsform		
ንስኹም	**nßə-chum**	Sie (HF m Sg)
ንስኽን	**nßə-chən**	Sie (HF w Sg)
ንሶም	**nß-om**	Sie (HF m Pl)
ንሰን	**nß-än**	Sie (HF w Pl)

Das Tigrinya unterscheidet bei der du-, ihr-, sie- (Pl.) und Sie-Form zwischen männlich und weiblich. Deshalb finden sich hier jeweils zwei verschiedene Formen. Die weiblichen Pluralformen **ንስኽን** **nßə-chən** und **ንሳተን** **nßa-tän** werden nur verwendet, wenn es sich um reine Frauengruppen handelt. Sobald sich nur ein Mann unter ihnen befindet, benutzt man die männlichen. Im Tigrinya wird auch unterschieden, wenn man jemanden mit „du" anspricht, ob diese Person ein Mann oder eine Frau ist.

ንስኻ ክርስትያን ኢኻ
nßə-cha krəßtəjan icha.
du Christ du-bist(m)
Du bist Christ (m).

ንስኺ ክርስትያን ኢኺ
nßə-chi krəßtəjan ichi.
du Christ du-bist(w)
Du bist Christin (w).

ንስኻትኩም ደኺምኩም አሎኹም
nßəchat-kum dächim-kum allo-chum.
ihr ihr-müde-seid existiert-ihr
Ihr seid müde. (m Pl)

ንስኻትክን ደኺምክን አለኽን
nßə-chat-kən dächim-kən allo-chən.
sie sie-müde-sind existieren-sie
Sie sind müde. (w Pl)

Possessivpronomen

Die Possessivpronomen (besitzanzeigende Fürwörter) stehen im Tigrinya als **Suffix** (Nachsilbe) hinter dem Nomen, das den „Besitz" bezeichnet. Die personenspezifischen Endungen werden als Kombination aus Nomen, Possessivpronomen und der besitzanzeigenden Präposition **ናይ naj** „von" (vom Geez **ንዋይ nwaj** „Besitz") gebildet. Beginnt das Suffix mit einem Vokal, verändert sich natürlich die Ordnung des vorausgehenden Konsonanten.

„Besitz" endet auf einen Konsonanten: **ቤት bet** Haus		
mein, mich, mir	**-ይ -j**	**ቤተይ betä-j** mein Haus
dein, dich, dir (m)	**-ካ -ka**	**ቤትካ bet-ka** dein Haus
dein, dich, dir (w)	**-ኪ -ki**	**ቤትኪ bet-ki** dein Haus
sein, ihn, ihm	**-ቱ -u**	**ቤቱ bet-u** sein Haus
ihr, sie, ihr	**-ታ -a**	**ቤታ bet-a** ihr Haus
unser, uns	**-ና -na**	**ቤትና bet-na** unser Haus
euer, euch (m)	**-ኩም -kum**	**ቤትኩም bet-kum** euer Haus
euer, euch (w)	**-ክን -kən**	**ቤትክን bet-kən** euer Haus
ihr, sie, ihnen (m Pl)	**-ቶም -om**	**ቤቶም bet-om** ihr Haus
ihr, sie, ihnen (w Pl)	**-ተን -än**	**ቤተን bet-än** ihr Haus

„Besitz" endet auf einen Vokal: **ዓዲ °adi** Dorf		
mein, mich, mir	**-ይ -j**	**ዓደይ °adä-j** mein Dorf
dein, dich, dir (m)	**-ኻ -cha**	**ዓድኻ °adə-cha** dein Dorf
dein, dich, dir (w)	**-ኺ -chi**	**ዓድኺ °adə-chi** dein Dorf
sein, ihn, ihm	**-ዱ -u**	**ዓዱ °ad-u** sein Dorf
ihr, sie, ihr	**-ዳ -a**	**ዓዳ °ad-a** ihr Dorf
unser, uns	**-ና -na**	**ዓድና °adə-na** unser Dorf

euer, euch (m)	-ኹም -chum	ዓድኹም °adə-chum euer Dorf
euer, euch (w)	-ኽን -chən	ዓድኽን °adə-chən euer Dorf
ihr, sie, ihnen (m Pl)	-ዶም -om	ዓዶም °ad-om ihr Dorf
ihr, sie, ihnen (w Pl)	-ደን -än	ዓደን °ad-än ihr Dorf

Das Suffix kann sich also verändern, je nachdem, ob das Nomen auf einen Vokal oder Konsonanten endet. Man wird aber auch verstanden, auch wenn man es einmal falsch ausspricht. Diese Endungen sind nicht nur als Possessivpronomen zu gebrauchen, sondern auch für den Akkusativ und den Dativ. Hier nun einige Beispiele für den „Besitz“:

መጽሓፍ mäzhaf (Buch)		
መጽሓፈይ	mäzhafä-j	mein Buch
መጽሓፍካ	mäzhaf-ka	dein (m) Buch
መጽሓፍኪ	mäzhaf-ki	dein (w) Buch
መጽሓፉ	mäzhaf-u	sein Buch
መጽሓፋ	mäzhaf-a	ihr Buch
መጽሓፍና	mäzhaf-na	unser Buch
መጽሓፍኩም	mäzhaf-kum	euer (m) Buch
መጽሓፍክን	mäzhaf-kən	euer (w) Buch
መጽሓፎም	mäzhaf-om	ihr (m Pl) Buch
መጽሓፈን	mäzhaf-än	ihr (w Pl) Buch

ሓው haw (Bruder)		
ሓወይ	hawä-j	mein Bruder
ሓውኻ	haw-cha	dein (m) Bruder
ሓውኺ	haw-chi	dein (w) Bruder
ሓዉ	haw-u	sein Bruder
ሓዋ	haw-a	ihr Bruder

ሓውና	**ẖaw-na**	unser Bruder
ሓውኹም	**ẖaw-chum**	euer (m) Bruder
ሓውኽን	**ẖaw-chən**	euer (w) Bruder
ሓዎም	**ẖaw-om**	ihr (m Pl) Bruder
ሓወን	**ẖaw-än**	ihr (w Pl) Bruder

Es gibt auch unabhängige Possessivpronomen, die separat geschrieben werden. Dabei spielt die Genitivpräposition **ናይ naj** als Suffix eine wichtige Rolle. Mit ihr werden Herkunft, Zugehörigkeit oder Besitz ausgedrückt.

ናተይ	**natä-j**	meins
ናትካ	**nat-ka**	deins (m)
ናትኪ	**nat-ki**	deins (w)
ናቱ	**nat-u**	seins
ናታ	**nat-a**	ihres
ናትና	**nat-na**	unseres
ናታትኩም	**natat-kum**	eures (m)
ናታትክን	**natat-kən**	eures (w)
ናታቶም	**natat-om**	ihres (m)
ናታተን	**natat-än**	ihres (w)
ናትኩም	**nat-kum**	Ihres (HF m Sg)
ናትክን	**nat-kən**	Ihres (HF w Sg)
ናቶም	**nat-om**	Ihres (HF m Pl)
ናተን	**nat-än**	Ihres (HF w Pl)

እቲ ቡን ናተይ እዩ
əti bun natä-j əju.
jener Kaffee von-mir er-ist
Der Kaffee gehört mir.

እቲ ቡን ኣይናተይን እዩ
əti bun ajnatä-jən əju.
jener Kaffee nicht-von-mir er-ist
Der Kaffee gehört mir nicht.

ኣበይ ኣሎ ሓወይ፧
abäj allo hawä-j?
wo existiert-er Bruder-von-mir
Wo ist mein Bruder?

ኣቦኻ ድዩ፧
abbo-cha dju?
Vater-deiner (?)-er-ist
Ist das dein Vater?

Adverbien

Adjektive können auch als Adverbien (Umstandswörter) verwendet werden. Adverbien geben die Bestimmung des Ortes, der Zeit oder der Art und Weise an. Einige wichtige Adverbien:

Adverbien des Ortes		
ኣበይ	**abäj**	wo
ካበይ	**kabäj**	woher
ኣብዚ	**absi**	hier
ኣብኡ	**ab'u**	dort
ኣብ ላዕሊ	**ab laºəli**	oben
ኣብ ታሕቲ	**ab tahti**	unten
ኣብ ውሽጢ	**ab wəscht'i**	innen
ንየው	**njäw**	fern
ክንየው	**knjäw**	jenseits
ክነጀው	**knädschäw**	diesseits
ነጀው	**nädschäw**	nah
ድሕሪት	**dəhrit**	hinten
ቅድሚት	**qədmit**	vorne
ጸጋም	**zägam**	links
ጥቓ	**t'əqha**	neben
ኣብ ኩሉ	**ab kʷəlu**	überall
ወጻኢ	**wäza'i**	außen

Adverbien der Zeit		
ሎሚ ቑነ	lomi qhənä	kürzlich
ሎሚ ዘበን	lomi säbän	dieses Jahr
ሎሚ	lomi	heute
ጽባሕ	zbah	morgen
ድሕሪ ጽባሕ	dhri zbah	übermorgen
ትማል	tmal	gestern
ቅድሚ ትማሊ	qdmi tmali	vorgestern
ትማሊ ሓሙስ	tmali hamuß	letzten Donnerstag
ዓሚ	°ami	letztes Jahr
ሕጂ	hədschi	jetzt
ገና	gäna	noch nicht
ሽዑ	schə°u	dann
ቅድሚ	qdmi	bevor
ድሓር	dhar	danach
ኩሉ ሳዕ	k^{w}əlu ßa°ə	immer, jedesmal
ወትሩ	wätru	(schon) immer
ከቶ	kätto	niemals
ዛጊት	sagit	bisher noch nicht

Adverbien der Art und Weise		
ብሓቂ	bhaqi	wahrlich
ጥራይ	t'əraj	nur
በይኑ	bäjnu	alleine
ከመይ	kämäj	wie
ካልእ	kalə'ə	anders
ኣስታት	aßtat	beinahe
ብፍሉጥ	bəflut'	bekanntlich
ብተማሳሳሊ	bətämaßaßali	ähnlich
ብዝሰዕብ	bsəßə°əb	folgendermaßen

ልክዕ	**lkəº**	genau
እኹል	**əchul**	genug
ብደስታ	**bdäßta**	gern
ትስፉው	**tßfuw**	hoffnungsvoll
ምናዳ	**mnada**	insbesondere
ኣቢሉ / ዳርጋ	**abilu / darga**	etwa, circa, ungefähr

Fragen

Es wird unterschieden zwischen zwei Sorten von Fragen: Entscheidungsfragen und Fragen mit Fragewort.

Entscheidungsfragen

Entscheidungsfragen sind Fragen, auf die man entweder mit **እወ əwä** (ja) oder **ኣይ aj-...-n** (nein) antworten kann. Sie werden auch „Ja-Nein-Fragen" genannt. Für Entscheidungsfragen verwendet man die Fragepartikel **-do,** die man am ehesten mit „ob?" übersetzen kann (in der Wort-für-Wort-Zeile mit *„(?)"* angegeben). Grundsätzlich steigt bei Fragen die Stimmhöhe auch im Tigrinya an. Die Fragepartikel macht jedoch den Satz erst zu einer Frage. Die Partikel **-do** kann im Satz relativ frei platziert werden, ohne dass sich an der Bedeutung oder Gewichtung der Frage etwas verändert.

ኣሎዶ፧
allo-do ...?
existiert-er-(?) ...
Gibt es ...?

Die Partikel **-do** verschmilzt in Fragen nach der „Identität“ mit den gebeugten Formen von **əju** zu folgenden Formen:

ድየ፧	**dəjä?**	bin ich?
ዲኻ፧	**dicha?**	bist du (m)?
ዲኺ፧	**dichi?**	bist du (w)?
ድዩ፧	**dju?**	ist er?
ድያ፧	**dja?**	ist sie?
ዲና፧	**dina**	sind wir?
ዲኹም፧	**dichum?**	seid ihr (m)?
ዲኽን፧	**dichən?**	seid ihr (w)?
ድዮም፧	**dəjom?**	sind sie (m)?
ድየን፧	**dəjän?**	sind sie (w)?

ምርዕው ዲኻ፧
mər°əw dicha?
verheiratet (?)-du(m)-bist
Bist du verheiratet?

ምርዕውቲ ዲኺ፧
mər°əwti dichi?
verheiratet (?)-du(w)-bist
Bist du verheiratet?

Fragen mit Fragewort

Die Fragewörter stehen immer am Satzanfang. Sie ersetzen im Satz das Nomen, nach dem gefragt wird. Diesbezüglich ist es im Tigrinya nicht anders als im Deutschen. Folgende Fragewörter haben wir im Tigrinya:

እንታይ	**əntaj**	was?
ንምንታይ	**nəmntaj**	wozu?
ብምንታይ	**bəmntaj**	womit? wodurch?
ኣበይ	**abäj**	wo?
ካበይ	**kabäj**	woher?

ናበይ	**nabäj**	wohin?
መዓስ	**mä°aß**	wann?
ካብ መዓስ	**kab mä°aß**	seit wann?
ክሳብ መዓስ	**kəßab mä°aß**	bis wann?
መን	**män**	wer?
ንመን	**nmän**	für wen?
ናይ መን	**naj män**	wessen?
ኣየናይ	**ajänaj**	welche / -s / -r?
ክንደይ እዩ ዋግኡ፧	**kndäj əju wagə'u?**	wie teuer?
ክንደይ	**kndäj?**	wie viel?
ከመይ	**kämäj?**	wie?
ከመይ ማለት	**kämäj malät?**	wie bitte?
ስለምንታይ	**ßlämәntaj?**	warum?
ምስ መን	**məß män?**	mit wem?
ኣሎዶ፧	**allo-do?**	gibt es?
ይከኣል ድዩ፧	**jəkä'al dju?**	ist es möglich?
እንታይ ኢልካ፧	**əntaj ilka (m)?**	wie bitte?
እንታይ ኢልኪ፧	**əntaj ilki (w)?**	wie bitte?

ከመይ እዩ እዚ ቃል ዝጸሓፍ፧
kämäj əju əsi qal səzähaf?
wie er-ist dieses Wort das-geschrieben-wird
Wie schreibt man dieses Wort?

እንታይ ክትገብር ኢኻ ሎሚ፧
əntaj ktəgäbər icha lomi?
was du-wirst-tun du-bist(m) heute
Was machst du (m) heute?

አበይ ኣሎ እቲ ዋና መኪና፧
abäj allo əti wanna mäkkina?
wo existiert-er jener Besitzer Auto
Wo ist der Besitzer des Autos?

መዓስ እዩ እቲ ፊልም ኣብ ቺነማ ዝጅምር፧
mä°aß əju əti film ab tschinäma sədschəmər?
wann er-ist jener Film im Kino der-beginnen-wird
Wann beginnt der Film im Kino?

መን እዩ እንግሊዝ ዝዛረብ፧
män əju ənglis səsaräb?
wer er-ist Englisch der-spricht
Wer spricht hier Englisch?

ኣየነይቲ እቶቡስ እያ ንኣስመራ ትኸይድ፧
ajänäjəti ətobuß əja nə aßmära təchäjəd?
welche-sie Bus ist-sie nach Asmara sie-gehen-wird
Welcher Bus fährt nach Asmara?

Verben und Zeiten

Das tigrinische Verbsystem ist komplexer als das deutsche und für Menschen, die mit semitischen Sprachen nicht vertraut sind, zunächst gewöhnungsbedürftig. Es basiert darauf, dass im Tigrinya die Bedeutung von Verben, Adjektiven und Nomen auf (meistens) drei Konsonanten beruht, der Wurzel. Die bedeutungstragenden Konsonanten in den semitischen Sprachen werden auch als Radikale oder Wurzelkonsonanten bezeichnet. Man findet sie in jedem Wort, das etwas mit dieser Bedeutung zu tun hat **(siehe auch: Kapitel „Wortbildung“ auf Seite 22).** Oft werden einsilbige Endungen bzw. Vorsilben dem Wort angehängt. Das Verb steht meistens am Ende des Satzes. Wenn das Verb konjugiert (gebeugt) wird, stellt man für jede Person das entsprechende Präfix (Vorsilbe) vor den Stamm und ergänzt es mit den Personalsuffixen. Der Stamm wird von der Personalform „eingerahmt“.

Tigrinya benutzt bei der Deklination und Konjugation allerdings nicht nur Vorsilben und Endungen, sondern es verändert mitunter auch die Vokale des Wortes **(siehe auch unter „Pluralbildung“ im Kapitel „Nomen“ auf Seite 26).** Der Fachbegriff dafür ist „äußere“ und „innere“ Flexion. Die Konsonanten bleiben in allen Ebenen der Grammatik unverändert.

Das Zeitensystem im Tigrinya ist anders als in den indoeuropäischen Sprachen handlungsorientiert, das heißt, es wird unterschieden zwischen abgeschlossenen (perfektiven) Handlungen und nicht abgeschlossenen (imperfektiven) Handlungen. Die Betrachtungsweise der Zeiten ist also zweidimensional und nicht differenziert nach Vergangenheit, Gegenwart und Zukunft. Dennoch hat Tigrinya im Laufe der Zeit Mechanismen entwickelt, um Vergangenheit, Gegenwart und Zukunft auszudrücken. Es gibt für die drei Zeitformen jeweilige Verben und Hilfsverben. Wichtig zu wissen ist, dass die Grundform eines Verbs (die im Wörterbuch steht) im Tigrinya nicht der Infinitiv ist, sondern die dritte Person Singular der Vergangenheit (z. B. „er schrieb“).

„Sein“: Identität und Existenz

Im Tigrinya gibt es zwei besonders wichtige Verben. Das sind die Verben **እዩ əju** und **ኣሎ allo.** Sie werden für die Gegenwart verwendet und werden im Deutschen als „sein“ definiert. Des Weiteren gibt es das Hilfsverb **ኮነ konä** („sein, werden“), das zur Bildung der Verneinung gebraucht wird, sowie das Vollverb **ነበረ näbärä** („leben“), das ebenfalls im Sinne des deutschen Begriffes „sein“ verwendet werden kann. Da **እዩ əju** und **ኣሎ allo** für das Verständnis essentiell sind, werden diese zwei Verben zuerst erläutert.

እዩ əju wird angewandt, um Dinge und Personen zu definieren, also als Ausdruck der **Identität.** Man verwendet **እዩ əju,** um Eigenschaften oder Berufe zuzuschreiben. Es wird auch für die örtliche Lage von Dingen und Personen benutzt. **ኣሎ allo** dagegen wird nur für die örtliche Lage von Dingen und Personen verwendet. Zum Vergleich:

„Identität“:	„Existenz“:
መን እዩ እዚ ሰብኣይ፧ **män əju əsi ßäb'aj?** *wer er-ist dieser Mann* Wer ist dieser Mann?	**ኣበይ ኣሎ እቲ ሳንጣ፧** **abäj allo əti ßanṯa?** *wo existiert-er jener Koffer* Wo ist der Koffer?

Das Verb **እዩ əju** „sein“ wird in der Gegenwart als Verb der Feststellung der Identität wie folgt konjugiert:

እየ	**əjä**	ich bin
ኢኻ	**icha**	du (m) bist
ኢኺ	**ichi**	du (w) bist
እዩ	**əju**	er ist
እያ	**əja**	sie ist
ኢና	**ina**	wir sind
ኢኹም	**ichum**	ihr (m) seid
ኢኽን	**ichən**	ihr (w) seid
እዮም	**əjom**	sie (m) / sie sind
እየን	**əjän**	sie (w) / sie sind

Das Verb **ኣሎ allo** „da sein, anwesend sein“ bezeichnet hingegen die **Existenz,** das örtliche Sein. In der Konjugation werden an das Wurzelmorphem **ኣሎ allo** die Suffixe der Person, der Zahl und des Geschlechts angeschlossen. Die Perfektkonjugation von **ኣሎ allo** hat die Bedeutung des Präsens.

ኣሎኹ	**allo-chu**	ich bin da
ኣሎኻ	**allo-cha**	du (m) bist da
ኣሎኺ	**allo-chi**	du (w) bist da
ኣሎ	**allo**	er ist da
ኣላ	**alla**	sie ist da
ኣሎና	**allo-na**	wir sind da
ኣሎኹም	**allo-chum**	ihr (m) seid da
ኣሎኽን	**allo-chən**	ihr (w) seid da
ኣሎዉ	**allo-wu**	sie (m) sind da
ኣሎዋ	**allo-wa**	sie (w) sind da
ኣሎኹም	**allo-chum**	Sie sind da (Höfl. m Sg)
ኣሎኽን	**allo-chən**	Sie sind da (Höfl. w Sg)
ኣሎዉ	**allo-wu**	Sie sind da (Höfl. m Pl)
ኣሎዋ	**allo-wa**	Sie sind da (Höfl. w Pl)

Beachten Sie, dass die Höflichkeitsformen mit den Formen der zweiten und dritten Person Plural jeweils übereinstimmen! Zur Veranschaulichung einige Beispiele:

ሕጂ ኣብ ስራሕ ኣሎኹ
<u>h</u>ədschi ab ßra<u>h</u> allo-chu.
jetzt bei Arbeit existiere-ich
Ich bin jetzt bei der Arbeit.

ኣብ ዕዳጋ ምስ መን ኣሎኻ፧
ab °ədaga məß män allo-cha?
auf Markt mit wer existierst-du
Mit wem bist du auf dem Markt? (m)

Die Bindestriche dienen hier nur zur Verdeutlichung, wie die Formen gebildet werden. In der äthiopischen Schrift werden sie nicht verwendet.

ሓሚምኪዶ ኣሎኺ ኢኺ፧
hamim-ki-do allo-chi ichi?
krank-dein(w)-(?) existierst-du du-bist
Bist du krank?

Im obigen Satz wird die Person dreimal deutlich. Einmal ist die Person (du, w) am Adjektiv markiert, dann mit **allo** und am Ende mit **əju.**

ንሱ ኣብ ክፍሉ ኣሎ
nßu ab kflu allo.
er in Zimmer-seins existiert-er
Er ist in seinem Zimmer.

ንሳ ኣብ ባኞ ኣላ
nßa ab baño alla.
sie im Bad existiert-sie
Sie ist im Bad.

ንሕና ክንዛወር ወጺእና ኣሎና
nhna knəsawär wäzi'əna allo-na.
wir dass-wir-spazieren gingen-heraus-wir existieren-wir
Wir sind spazieren gegangen.

ንስኹም ትበልዑ ኣሎኹም
nß-chum tbälə°u allo-chum.
ihr(m) esst-ihr(m) existiert-ihr(m)
Ihr esst gerade.

ንስኽን ተሓጒስክን ኣሎኽን
nßə-chən tähag^{w}əßkən allo-chən.
ihr(w) freut-euch(w) existiert-ihr(w)
Ihr freut euch.

ንሶም ንኤሮጳ ገሾም ኣሎዉ
nß-om nə-erop'a gäsch-om allo-wu.
sie(m) nach-Europa verreist(m) existieren-sie
Sie sind nach Europa abgereist.

ንሰን ካብ ኣየርፖርት ይመጻ ኣሎዋ

nß-än kab ajärport jəmäza allo-wa.

sie(w) von Flughafen kommend-sie existieren-sie

Sie kommen gerade vom Flughafen.

Der Gegensatz zu **ኣሎ allo** im Sinne von „es gibt" ist **የሎን jällon** („es gibt nicht"). Es wird wie folgt konjugiert:

የሎኹን	**jällo-chun**	ich bin nicht da
የሎኻን	**jällo-chan**	du (m) bist nicht da
የሎኽን	**jällo-chən**	du (w) bist nicht da
የሎን	**jällon**	er ist nicht da
የላን	**jällan**	sie ist nicht da
የሎናን	**jällo-nan**	wir sind nicht da
የሎኹምን	**jällo-chumən**	ihr (m) seid nicht da
የሎኽንን	**jällo-chənən**	ihr (w) seid nicht da
የሎዉን	**jällo-wun**	sie (m) sind nicht da
የሎዋን	**jällo-wan**	sie (w) sind nicht da

ኣሎዶ ሻሂ፧

allo-do schahi?

existiert-er-(?) Tee

Gibt es Tee?

የሎን

jällon.

nicht-existiert-er

Es gibt keinen.

ኣላዶ ታክሲ፧

alla-do takßi?

existiert-sie-(?) Taxi

Gibt es ein Taxi?

የላን

jällan.

existiert-sie-nicht

Es gibt keins.

(„Taxi" ist weiblich)

ኣሎኻዶ ኣብ ሆቴል፧	የሎኹን
allo-cha-do ab hotel?	**jällo-chun.**
existierst-du-(?) im Hotel	*nicht-existiere-ich*
Bist du im Hotel? (m)	Nein (bin ich nicht).
ኣሎኺዶ ኣብ ገዛ!	የሎኹን
allo-chi-do ab gäsa?	**jällo-chun.**
existierst-du-(?) zu Haus	*nicht-existiere-ich*
Bist du zu Hause? (w)	Nein (bin ich nicht).

„Haben": Objektsuffixe

Zusammen mit den Verben treten oft der Akkusativ und Dativ auf. Für die entsprechenden Konstruktionen verwendet man die Possessivpronomen. Das Verb ኣሎ **allo** in Verbindung mit dem Objektsuffix gibt im Tigrinya den Begriff des „Habens" wieder. ኣሎዎ **allo-wo** bedeutet eigentlich „er existiert bei ihm". Ein Beispiel: መጽሓፍ ኣሎኒ **mäzəḫaf allo-ni** heißt wortwörtlich „Buch ist zu mir" oder „Buch ist bei mir".

Objektsuffixe		
-ኒ	**-ni**	zu mir / für mich
-ካ	**-ka**	zu dir / für dich (m)
-ኪ	**-ki**	zu dir / für dich (w)
-ዎ	**-wo**	zu ihm / für ihn
-ዋ	**-wa**	zu ihr / für sie
-ና	**-na**	zu / für uns
-ኩም	**-kum**	zu / für euch (m)
-ክን	**-kən**	zu / für euch (w)
-ዎም	**-wom**	zu ihnen / für sie (m)
-ወን	**-wän**	zu ihnen / für sie (w)

Fügt man an die 3. Pers. m Sg des Verbes **ኣሎ allo** die Objektsuffixe an, so entstehen folgende Formen:

ኣሎኒ	allo-ni	ich habe
ኣሎካ	allo-ka	du (m) hast
ኣሎኪ	allo-ki	du (w) hast
ኣሎዎ	allo-wo	er hat
ኣሎዋ	allo-wa	sie hat
ኣሎና	allo-na	wir haben
ኣሎኩም	allo-kum	ihr (m) habt
ኣሎክን	allo-kən	ihr (w) habt
ኣሎዎም	allo-wom	sie (m) haben
ኣሎወን	allo-wän	sie (w) haben

Die Pronomenobjektsuffixe werden gemäß den üblichen Beugungsmustern nach Geschlecht und Person gebeugt. Am Beispiel des Suffix **-ኒ -ni** („zu mir") können hier zwei Verben, nämlich „geben" und „zeigen", veranschaulicht werden:

ሃበኒ	habä-ni	gib mir (m Sg)
ሃብኒ	habə-ni	gib mir (w Sg)
ሃቡኒ	habu-ni	gebt mir (m Pl bzw. Höfl.)
ሃባኒ	haba-ni	gebt mir (w Pl bzw. Höfl.)
ኣርእየኒ	ar'əjä-ni	zeige mir (m Sg)
ኣርእይኒ	ar'əjə-ni	zeige mir (w Sg)
ኣርእዩኒ	ar'əju-ni	zeigt mir (m Pl bzw. Höfl.)
ኣርእያኒ	ar'əja-ni	zeigt mir (w Pl bzw. Höfl.)

Das „nicht haben" wird durch die Verschmelzung von **የሎን jällon** mit den oben genannten Objektsuffixen ausgedrückt. Dadurch entstehen die folgenden Formen:

የብለይኒ	**jäbəläj-ni**	ich habe nicht
የብልካን	**jäbəl-kan**	du hast nicht (m)
የብልክን	**jäbəl-kən**	du hast nicht (w)
የብሉን	**jäbəl-un**	er hat nicht (m)
የብላን	**jäbəl-an**	sie hat nicht (w)
የብልናን	**jäbəl-nan**	wir haben nicht
የብልኩምን	**jäbəl-kumən**	ihr habt nicht (m)
የብልክንን	**jäbəl-knən**	ihr habt nicht (w)
የብሎምን	**jäbəl-omən**	sie haben nicht (m)
የብለንን	**jäbəl-änən**	sie haben nicht (w)

Verneinung

Bei Fragen, die mit Ja oder Nein zu beantworten sind, verwendet man im Tigrinya das betonte Suffix ዶ **do.**

Wenn eine Frage verneint wird, benutzt man das Verb ኣይኮነን **aj-konän**. Dies ist eine Zusammensetzung aus dem verneinenden Präfix ኣይ- **aj-**, dem Verbstamm und dem Suffix -ን **-nə**. Allgemein gilt, dass ኣይ **aj** + Verb + ን **nə** im Tigrinya die Verneinung ergibt. Alle Verben können zwischen ኣይ **aj** und -ን **nə** integriert werden und ergeben die negative Aussage eines Verbs. Wenn das Verb ኮነ **konä** „sein" / „werden" dazwischen steht, wird daraus die Negation davon, nämlich „nicht sein" bzw. „nicht werden".

Analog dazu können statt eines Verbs aber auch andere Wortarten zwischen ኣይ **aj** und ን **nə** eingebaut werden, zum Beispiel:

ኣይ **aj**	+	Possessivpronomen	+	ን **-n**
ኣይ **aj**	+	ናተይ **natä-j**	+	ን **-n**
	=	**ajnatäjən** „nicht von mir"		

ኣይ **aj**	+	Nomen	+	ን **-n**
ኣይ **aj**	+	**kədanä-j**	+	ን **-n**
	=	**aj-kədanä-jən** „nicht mein Kleid“		

ሕራይ **hraj** und እወ **əwä** entsprechen dem deutschen „Ja“. In der Gegenwart wird die Verneinung mit **ajkonän** entsprechend den Personalpronomen wie folgt konjugiert:

ኣይኮንኩን	**ajkon-kun**	ich bin nicht
ኣይኮንካን	**ajkon-kan**	du bist nicht (m)
ኣይኮንክን	**ajkon-kən**	du bist nicht (w)
ኣይኮነን	**ajkonä-n**	er ist nicht
ኣይኮነትን	**ajkonä-tən**	sie ist nicht
ኣይኮኑን	**ajkon-un**	sie sind nicht (m)
ኣይኮናን	**ajkon-an**	sie sind nicht (w)
ኣይኮንኩምን	**ajkon-kumən**	ihr seid nicht (m)
ኣይኮንክንን	**ajkon-kənən**	ihr seid nicht (w)
ኣይኮንናን	**ajkon-nan**	wir sind nicht

Bei der Beantwortung der folgenden Frage kann das Nomen der Fragestellung wiederholt oder weggelassen werden:

እዚዶ ተመሃራይ እዩ፧
əsi-do tämäharaj əju?
dieser-(?) Schüler er-ist
Ist er ein Schüler?

እወ	ኣይኮነን
əwä.	**ajkonän.**
ja	*nicht-ist-er*
Ja.	Nein.

እዚኣ ተማሃሪት ድያ፧
əsi'a tämaharit dja?
diese-sie Schülerin (?)-sie-ist
Ist sie eine Schülerin?

እወ	**ኣይኮነትን**
əwä.	**ajkonätən.**
ja	*nicht ist-sie*
Ja.	Nein.

Im Tigrinya gibt es neun Verbkategorien. Durch Ergänzung von Präfixen und Vokalveränderungen innerhalb des Verbstammes verändert sich die Bedeutung des Verbs. Anhand des Beispiels des Verbs **ጸሓፈ zähafä** („schreiben“) kann man verdeutlichen, was es mit den Verbstämmen auf sich hat. **ጸሓፈ zähafä** „er schrieb“ ist die Nennform 3. Person männlich Singular. **ተጸሕፈ täzahfä** ist die passive Form von **ጸሓፈ zähafä**, nämlich „es wurde geschrieben“. Das Präfix **ተ- tä-** ist der Hinweis für das Passivum. **ተጸሓሓፈ täzahahafä** entspricht dem deutschen Begriff „das Korrespondieren“, also sich gegenseitig Briefe schreiben. **ኣጽሓፈ azəhafä** bedeutet, dass jemand veranlasst hat, dass etwas geschrieben wird.

Das Phänomen, dass die Wortwurzeln die Bedeutung transportieren, ist eines der markantesten Merkmale der tigrinischen Sprache, aber auch anderer semitischer Sprachen. Um sprachlich zurecht zu kommen, braucht man aber nicht alle Stämme zu kennen. Es reicht, wenn man weiß, wie die Grundstämme funktionieren.

Verdopplung von Verbkonsonanten

Die Verdopplung von Konsonanten ist im Tigrinya, insbesondere bei Verben, von großer Bedeutung. Die Schwierigkeit dabei liegt darin, dass im Tigrinya, ebenso wie im Geez, keine Kennzeichnung der Verdopplung stattfindet, sondern auswendig gelernt werden muss. Man kann den Unterschied also zwar hören, aber nicht am Schriftbild erkennen. In der Regel wird der mittlere Konsonant verdoppelt.

ገበረ	**gäbärä**	tun
ገበረ	**gäbbärä**	Steuern zahlen
ኣሰረ	**aßärä**	jmd. / etw. binden
ኣሰረ	**aßßärä**	der Spur nach laufen
መሰለ	**mäßälä**	scheinen, ähnlich sein
መሰለ	**mäßßälä**	in Gleichnissen reden
ሰገደ	**ßägädä**	Gottesdienst feiern
ሰገደ	**ßäggädä**	hineinstopfen
መልአ	**mälə'ä**	füllen
መልአ	**mällə'ä**	nachfüllen

Vergangenheit

Den Infinitiv der tigrinischen Verben erkennt man an dem Präfix ም- / **mə-**. Wenn man das Präfix ም- / **mə-** weglässt und an den letzten Vokal ein **ä** anhängt, erhält man die Grundform, aus der alle anderen Formen hergeleitet werden. Diese Grundform ist die 3. Person Singular männlich Vergangenheit, also z. B. ጸሓፈ **zähafä** („er schrieb"). Diese Form nennt man den Wortstamm, da durch Anhängen von entsprechenden Personenendungen nun jedes Verb in der Vergangenheit gebeugt werden kann. Im Wörterbuch sucht man grundsätzlich nach dieser Grundform (3. Person, Singular, männlich, Vergangenheit) von Wörtern und **nicht** nach dem Infinitiv mit dem Präfix ም- **mə-**. Die personenbezogenen Formen sind dann:

ኩ -ku	ich
ካ -ka	du (m)
ኪ -ki	du (w)
- (Grundform)	er
ት -ət	sie
ና -na	wir
ኩም -kum	ihr (m, Pl)
ክን -kən	ihr (w, Pl)
-u	sie (m, Pl)
-a	sie (w, Pl)

Bei dem Verb **በጽሐ bäzəhä** („ankommen") sieht das dann so aus:

በጽሐ bäzəhä („ankommen")		
በጻሕኩ	**bäzahku**	ich kam an
በጻሕካ	**bäzahka**	du kamst an (m)
በጻሕኪ	**bäzahki**	du kamst an (w)
በጽሐ	**bäzəhä**	er kam an
በጽሐት	**bäzəhät**	sie kam an
በጻሕና	**bäzahna**	wir kamen an
በጻሕኩም	**bäzah-kum**	ihr kamt an (m)
በጻሕክን	**bäzah-kən**	ihr kamt an (w)
በጽሑ	**bäz-hu**	sie kamen an (m, Pl)
በጽሓ	**bäz-ha**	sie kamen an (w, Pl)

Ein weiteres Beispiel:

ጸሓፈ zähafä „schreiben"		
ጸሓፍኩ	**zähaf-ku**	ich schrieb
ጸሓፍካ	**zähaf-ka**	du schriebst (m)

ጸሓፍኪ	zähaf-ki	du schriebst (w)
ጸሓፈ	zähafä	er schrieb
ጸሓፈት	zähaf-ät	sie schrieb
ጸሓፍና	zähaf-na	wir schrieben
ጽሓፍኩም	zəhaf-kum	ihr schriebt (m) / Sie schrieben
ጽሓፍክን	zəhaf-kən	ihr schriebt (w)
ጽሓፉ	zəhaf-u	sie schrieben (m)
ጽሓፋ	zəhaf-a	sie schrieben (w)

ደብዳበ ጽሓፍኩ
däbdabä zähafku.
Brief schrieb-ich
Ich habe einen Brief geschrieben.

መጽሓፍ ጽሓፍኩም
mäzəhaf zəhafkum.
Buch schriebt-ihr(m)
Sie haben ein Buch geschrieben.

Da die handelnde Person durch das Verb bereits vollständig angezeigt wird, kann das Personalpronomen des Subjekts entfallen. Die Endungen der Vergangenheit am Beispiel **በልዐ/bälə°ä** „er aß“:

በላዕኩ	bäla°ə-ku	ich aß
በላዕካ	bäla°ə-ka	du aßest (m)
በላዕኪ	bäla°ə-ki	du aßest (w)
በልዐ	bälə°ä	er aß
በልዐት	bälə°-ät	sie aß
በላዕና	bäla°-na	wir aßen
በላዕኩም	bäla°-kum	ihr aßt
በላዕክን	bäla°-kən	ihr aßt
በልዑ	bälə°-u	sie aßen (m)
በልዓ	bälə°-a	sie aßen (w)

Partizip (Mittelwort)

Im Tigrinischen gibt es die Möglichkeit, Partizipien (schreibend, schlafend, essend ...) von den Verben abzuleiten. Diese Partizipien können genau wie Verben in der Vergangenheit benutzt werden. Allerdings brauchen sie oft Hilfsverben wie እሎ **allo** oder ኢዩ **əju.** Um die Bildung des Partizips zu verdeutlichen, stelle ich die Verbgrundform (3. Pers. Sg. m Vergangenheit) dem entsprechenden Partizip gegenüber.

Vergangenheit	Partizip
ጸሓፈ zäḫafä er schrieb	**ጽሒፉ zəḫifu** er ist schreibend
ደቀሰ däqäßä er schlief	**ደቂሱ däqißu** er ist schlafend
በልዔ bälə°ä er aß	**በሊዑ bäli°u** er ist essend

Von „ich schlief" ኣነ ደቀስኩ **anä däqäßku** kann im Tigrinischen also „ich bin schlafend" ኣነ ደቂሰ **anä däqißä** abgeleitet werden. Wichtig ist, dass, wenn es sich um eine Frau handelt, noch ein **-a** an die Form gehängt wird: ደቂሳ **däqißa** – also genau wie bei den Adjektiven. **Eine Übersicht mit den wichtigsten Verben befindet sich auf Seite 67.**

Einige Beispiele zur Bildung des Infinitivs anhand der Verbgrundform (3. Pers. Sg. m Vergangenheit) durch Hinzufügung von ም- **mə-** als Präfix:

Grundform	Infinitiv
ሰተየ ßätäjä er trank	**ምስታይ mßtai** trinken
ረኣየ rä'ajä er sah	**ምርኣይ mər'ai** sehen
ሰምዐ ßäm°ä er hörte	**ምስማዕ məßma°** hören
ተሓጽበ täḫazbä er wusch sich	**ምሕጻብ məḫzab** sich waschen
ለበሰ läbäßä er kleidete sich	**ምልባስ məlbaß** sich anziehen

ሰሓቐ **ßähaqhä** er lachte	ምስሓቕ **məßhaqh** lachen
በኸየ **bächäjä** er weinte	ምብካይ **məbkai** weinen
ተፋነወ **täfanäwä** er verabschiedete sich	ምፍናው **məffənaw** sich verabschieden
ተራኸበ **tärachäbä** er traf sich	ምርኻብ **mərəchab** sich treffen

Gegenwart

Die Gegenwartsform wird abgeleitet aus der Grundform der Vergangenheit. Allgemein kann man sagen, dass, um die Grundform der Gegenwart (er ...) zu bilden, einfach ein ይ **-j-** vor die Vergangenheitsform zu stellen ist, wodurch oft ein Lautwechsel vorkommt. Bei diesem Lautwechsel ändern sich die Vokale. Hier sieht man nochmals, wie wichtig die Konsonanten im Tigrinya sind. Die Vokale ergänzen nur! Folgende Verben zum Einüben:

ሓሰበ **haßäbä** (er dachte)	ይሓስብ **jəhaßb** (er denkt)
ደቀሰ **däqäßä** (er schlief)	ይድቅስ **jədəqəß** (er schläft)
ጸሓፈ **zähafä** (er schrieb)	ይጽሕፍ **jəzəhəf** (er schreibt)

Analog dazu werden auch die jeweiligen personenbezogenen Formen gebildet. Hierbei steht dann statt ይ **jə-** („er“) eine andere Form. Die Formen sind:

Singular		Plural	
እ **-**	ich	ን **n-**	wir
ት **t-**	du (m)	ት **t-...-u**	ihr (m)
ት **t-...-i**	du (w)	ት **t-...-a**	ihr (w)
ይ **j-**	er	ይ **j-...-u**	sie (m, Pl)
ት **t-**	sie	ይ **j-...-a**	sie (w, Pl)

Als Beispiel hier das Verb ምዝራብ **məsərab** („sprechen“) ohne Hilfsverb. Mit dieser Regel kann man fast alle Verben beugen.

እዛረብ	**'-saräb**	ich spreche
ትዛረብ	**t-saräb**	du sprichst (m)
ትዛረቢ	**t-saräbi**	du sprichst (w)
ይዛረብ	**j-saräb**	er spricht
ትዛረብ	**t-saräb**	sie spricht
ንዛረብ	**n-saräb**	wir sprechen
ትዛረቡ	**t-saräbu**	ihr sprecht (m)
ትዛረባ	**t-saräba**	ihr sprecht (w)
ይዛረቡ	**j-saräbu**	sie sprechen (m, Pl)
ይዛረባ	**j-saräba**	sie sprechen (w, Pl)

Die Gegenwart benötigt aber neben dem Hauptverb das Hilfsverb ኣሎ **allo**. Das Hilfsverb ኣሎ **allo** drückt den Ort des Objektes bzw. Aufenthalt der Person aus. Das Hilfsverb wird – wie alle anderen tigrinischen Verben – nach Person, Geschlecht und Zahl gebeugt.

Im Folgenden einige Beispielsätze für die Anwendung der Verben. Die Personalpronomen können wieder weggelassen werden. ኣነ እኸይድ **anä əchäjəd** heißt im Tigrinya „ich gehe“, und das drückt noch nicht die Gegenwartsaussage von „gehen“ aus, sondern nur die allgemeine Fähigkeit des Gehen-Könnens. Wenn wir sagen möchten „ich gehe gerade“, brauchen wir das Hilfsverb ኣሎ **allo.** Wichtig ist, dass im Tigrinya in einem Satz mit zwei Verben beide gebeugt werden. Das liegt daran, dass die unpersönliche Grundform fehlt. Die Aussage „ich gehe gerade“ heißt auf Tigrinya also wortwörtlich „ich gehe ich-bin“.

ኣነ እኸይድ ኣሎኹ
anä əchäjəd allo-chu.
ich ich-gehe existiere-ich
Ich gehe gerade.

ንሳ ኮሪያ ኣላ
nßa korija alla.
sie beleidigt existiert-sie
Sie ist beleidigt.

ማይ ይሃርም ኣሎ
maj jəharəm allo.
Wasser er-schlägt existiert-er
Es regnet gerade.

Nach diesem Prinzip werden alle Formen der Gegenwart gebildet. Wichtig ist das Verb davor mit seinen Präfixen und Suffixen.

ምኻድ **mchad** gehen (Grundform / Infinitiv)+ Hilfsverb ኣሎ **allo**	
እኸይድ ኣሎኹ **əchəjəd allo-chu** *ich-gehe existiere-ich*	ich gehe
ትኸይድ ኣሎኻ **təchäjəd allo-cha** *du-gehst existierst-du*	du gehst (m)
ትኸዲ ኣሎኺ **təchädi allo-chi** *du-gehst existierst-du*	du gehst (w)
ይኸይድ ኣሎ **jəchäjəd all-o** *er-geht existiert-er*	er geht
ትኸይድ ኣላ **təchäjəd all-a** *sie-geht existiert-sie*	sie geht
ንኸይድ ኣሎና **nəchäjəd allo-na** *wir-gehen existieren-wir*	wir gehen
ትኸዱ ኣሎኹም **təchädu allo-chum** *ihr-geht existiert-ihr*	ihr geht (m)
ትኸዳ ኣሎኽን **təchäda allo-chən** *ihr-geht existiert-ihr*	ihr geht (w)
ይኸዱ ኣሎዉ **jəchädu allo-wu** *sie gehen existieren-sie*	sie gehen (m)
ይኸዳ ኣሎዋ **jəchäda allo-wa** *sie gehen existieren-sie*	sie gehen (w)

Wenn wir eine allgemeine Feststellung ohne Zeitbezug treffen möchten, können wir auch das Hilfsverb **əju** verwenden und damit Sätze wie die folgenden bilden:

ንሱ ሓያል እዩ
nßu hajal əju.
er stark er-ist
Er ist stark.
(personenbezogen)

እቲ ሜዳ ገፊሕ እዩ
əti meda gäfih əju.
jener Feld breit er-ist
Das Feld ist breit.
(objektbezogen)

Zukunft (Futur 1)

Die Zukunftsform erfordert das Präfix **ክ- k-** und das Hilfsverb **እዩ əju** (sein). **እዩ əju** wird als Hilfsverb zum vorangehenden Verb verwendet. **Siehe auch Tabelle „Übersicht über die Formen der wichtigsten Verben" auf Seite 66.** Hier die Bildung des Futur am Beispiel des Verbs **ገበረ gäbärä** („tun"):

ክገብር እየ kgäbr əjä *ich-werde-tun ich-bin*	ich werde tun
ክትገብር ኢኻ ktgäbr icha *du-wirst-tun du-bist*	du wirst tun (m)
ክትገብሪ ኢኺ ktgäbri ichi *du-wirst-tun du-bist*	du wirst tun (w)
ክገብር እዩ kgäbr əju *er-wird-tun er-ist*	er wird tun
ክትገብር እያ ktgäbr əja *sie-wird-tun sie-ist*	sie wird tun
ክንገብር ኢና kngäbr ina *wir-werden-tun wir-sind*	wir werden tun
ክትገብሩ ኢኹም ktgäbru ichum *ihr-werdet-tun ihr-seid*	ihr werdet tun (m Pl)

ክትገብራ ኢኽን **ktgäbra ichən** *ihr-werdet-tun ihr-seid*	ihr werdet tun (w Pl)
ክገብሩ እዮም **kgäbru əjom** *sie-werden-tun sie-sind*	sie werden tun (m Pl)
ክገብራ እየን **kgäbra əjän** *sie-werden-tun sie-sind*	sie werden tun (w Pl)

Beispiel:

(ኣነ) ክበልዕ እየ
(anä) kbälə° əjä
ich werde-essen ich-bin
ich werde essen

Es werden wieder beide Verben gebeugt. Letztendlich hat die Verdopplung eine verstärkende Wirkung auf die Aussage. Auch Begriffe wie „morgen“, „nächste Woche“, „in Kürze“ verstärken die in die Zukunft gerichtete Aussage.

Übersicht über die Formen der wichtigsten Verben

Man kann aus jedem Verb ein Partizip (Mittelwort) bilden. Aus diesem Grund wird im Folgenden eine Liste der wichtigsten Formen aufgeführt, zusammen mit den jeweiligen Vergangenheits- und Gegenwartsformen in der dritten Person Einzahl („er“).

Wichtige Verben			
	Verg.	Gegenwart	Partizip
Angst haben	ፈርሐ färhä	ይፈርሕ jfärəh	ፈሪሑ färihu
antworten	መለሰ mäläßä	ይምልስ jmləß	መሊሱ mälißu
arbeiten	ሰርሐ ßärhä	ይሰርሕ jßärəh	ሰሪሑ ßärihu
beginnen	ጀመረ dschämärä	ይጅምር jədschəmr	ጀሚሩ dschämiru
besuchen	በጽሐ bäzəhä	ይበጽሕ jbäzəh	በጺሑ bäzihu
bleiben	ጸንሐ zänhä	ይጸንሕ jəzänəh	ጸኒሑ zänihu
bringen	ኣምጽአ amzə'ä	የምጽእ jämzə'ə	ኣምጺኡ amzi'u
essen	በልዐ bäl°ä	ይበልዕ jbälə°	በሊዑ bäli°u
erzählen, reden	ኣዘንተወ asäntäwä	የዘንቱ jäsäntu	ኣዘንትዩ asäntju
finden	ረኸበ rächäbä	ይረክብ jräkəb	ረኺቡ rächibu
fotografieren	ሰኣለ ßä'alä	ይስእል jß'əl	ሰኢሉ ß'ilu
fragen	ሓተተ hatätä	ይሓትት jəhatət	ሓቲቱ hatitu
gehen	ከደ kädä	ይኸይድ jchäjd	ከይዱ käjdu
kaufen	ዓደገ °adägä	ይዕድግ jə°adəg	ዓዲጉ °adigu
kommen	መጽኤ mäz'ä	ይመጽእ jəmäzə'	መጺኡ mäzi'u

lassen, verlassen	ሓደገ hadägä	ይሓድግ jəhadg	ሓዲጉ hadigu
lesen	ኣንበበ anbäbä	የንብብ jänbəb	ኣንቢቡ anbibu
lieben	ኣፍቀረ afqärä	የፍቅር jäfəqr	ኣፍቂሩ afqiru
machen	ገበረ gäbärä	ይገብር jəgäbr	ገቢሩ gäbiru
mieten	ተኻረየ tächaräjä	ይካረ jəkarä	ተኻርዩ tächarju
nehmen	ወሰደ wäßädä	ይወሰድ jəwäßəd	ወሲዱ wäßidu
öffnen	ከፈተ käfätä	ይኸፍት jəchäfət	ከፊቱ käfitu
reisen	ገየሸ gäjäschä	ይገይሽ jəgäjəsch	ገይሹ gäjəschu
sagen	በለ bälä	ይብል jəbl	ኢሉ / ቢሉ ilu / bilu
schreiben	ጸሓፈ zähafä	ይጽሕፍ jəzəhf	ጽሒፉ zəhifu
sehen	ረኣየ rä'ajä	ይርኢ jər'i	ርእዩ r'əju
sein / werden	ከወነ käwänä	ይኸውን jəchäwn	ኮይኑ kojnu
sitzen	ኮፍ በለ kof bälä	ኮፍ ይብል kof jbl	ኮፍ ኢሉ / ኮፍ ቢሉ kof ilu / kof bilu
sprechen	ተዛረበ täsaräbä	ይዛረብ jəsaräb	ተዛሪቡ täsaribu
trinken	ሰተየ ßätäjä	ይሰቲ jəßäti	ሰትዩ ßätju

verkaufen	ሸጠ **schät'ä**	ይሸይጥ **jəschäjət'**	ሸይጡ **schäjt'u**
warten	ተጸበየ **täzäbäjä**	ይጽበ **jəzəbä**	ተጸብዩ **täzäbəju**
wissen	ፈለጠ **fälät'ä**	ይፈልጥ **jəfält'**	ፈሊጡ **fälit'u**
wohnen	ተቐመጠ **täqhämät'ä**	ይቕመጥ **jəqhəmät**	ተቐሚጡ **täqhämit'u**
wollen, möchten	ደለየ **däläjä**	ይደሊ **jdäli**	ደልዩ **dälju**
zeigen	ኣርኣየ **ar'ajä**	የርኢ **jär'i**	ኣርእዩ **ar'əju**
errettet sein	ደሓነ **dähanä**	ይድሕን **jədəhn**	ድሒኑ **dəhinu**

Auffordern und Befehlen

Um das Thema Verben abzuschließen, fehlt noch der Imperativ, die Befehlsform. Sie wird aus den Formen der Gegenwart gebildet. Und zwar aus der „du“ und der „ihr“ Form. Wenn man zum Beispiel die Form nimmt „du schreibst“: **ትጽሕፍ t-z-hf** und das **-ት t-** am Anfang weglässt, erhält man **ጽሕፍ z-hf**, dann die Vokaländerung des zweiten Radikals zu **a**, erhält man **ጽሓፍ z-haf** und das ist schon die Befehlsform „schreib!“ Wenn man an den letzten Radikal **f** ein **-i** anhängt, hat man die weibliche Form (**ጽሓፊ zəhafi** „schreib!“), mit **-u** und **-a** bildet man dagegen die Pluralformen, **ጽሓፉ zəhafu!** („schreibt!“ zu Männern) und **ጸሓፋ zähafa!** („schreibt!“ zu Frauen).

In der folgenden Liste werden einige wichtige Verben in ihren Befehlsformen aufgeführt, und zwar im männlichen Singular und Plural.

መልሰ mälləßi!	antworte! (m)
መልሱ mälləßu!	antwortet! (m, Pl)
አምጽእ amzə'ə!	bring!
አምጽኡ amzə'u!	bringt!
ሕተት hətät!	frag!
ሕተቱ hətätu!	fragt!
ኪድ kid!	geh!
ኪዱ kidu!	geht!
ሃባ hab!	gib!
ሃቡ habu!	gebt!
ስማዕ ßma°!	hör zu!
ስምዑ ßm°u!	hört zu!
ንዓ nə°a!	komm!
ንዑ nə°u!	kommt!
ውሰድ wßäd!	nimm!
ውሰዱ wßädu!	nehmt!
በል bäl!	sag!
በሉ bälu!	sagt!
ኮፍ በል kof bäl!	setz dich (m)!
ኮፍ በሉ kof bälu!	setzt euch (m, Pl.)!
ርኣ rə'ä!	schau!
ርኣዩ rə'aju!	schaut!
ተዛረብ täsaräb!	sprich!
ተዛረቡ täsaräbu!	sprecht!
ስተ ßtä!	trink!
ስተዩ ßtäju!	trinkt!
ተጸበ täzäbä!	warte!
ተጸበዩ täzäbäju!	wartet!

Präpositionen

Es gibt zwei Arten von Präpositionen im Tigrinya: die einfachen und die zusammengesetzten Präpositionen. Die einfachen Präpositionen mit nur einem Radikal, d. h. ብ **bə** („durch") und ን **nə** („für"), werden den Nomen, Adjektiven und Pronomen vorangestellt. Diejenigen mit zwei oder mehr Radikalen sind eigenständige Wörter und werden getrennt geschrieben. Die zusammengesetzten Präpositionen bestehen aus einer einfachen Präposition wie **እብ ab** „in" plus einem anderen Wort, zum Beispiel **እብ ጥቓ ab təqha** „neben", **እብ ቅድሚ ab qdmi** „vor", usw.

ን **nə**	für
ብ **bə**	durch
እብ **ab**	in
ናይ **naj**	von (im Sinne von Besitz)
ካብ **kab**	von (Richtungsangabe)
ናብ **nab**	nach (Richtungsangabe)
ምስ **məß**	mit
ብዘይ **bsäj**	ohne

ብበቕሊ መጺኡ
bə-bäqhli mäzi'u.
durch-Maultier er-kam
Er kam auf einem Maultier.

እቲ መግቢ ንኽልቢ እዩ
əti mägbi nə-chälbi əju.
jener Essen für-Hund er-ist
Das Essen ist für den Hund.

እቲ መጽሓፍ ናይ መምህር እዩ
əti mäzəhaf naj mäməhr əju.
jener Buch von Lehrer er-ist
Das Buch gehört dem Lehrer.

ሰለሙን ምስ ኤፍሬም መጺኡ
ßälämun məß efrem mäzi'u.
Salomon mit Ephraim kam-er
Salomon kam mit Ephraim zusammen.

ካብ ኣስመራ ንኣኽሱም ከይደ
kab aßmära nə-achßum käjdu.
von Asmara nach-Aksum ging-ich
Ich ging von Asmara nach Aksum.

ኣብ ቅድሚ ገዛ መኪና ኣላ
ab qdmi gäza mäkkina alla.
in vor Haus Auto ist-sie
Vor dem Haus ist ein Auto.

ንሱ ኣብ ቤት ጽሕፈት ኣሎ
nßu ab bät zəhfät allo.
er im Haus Büro ist-er
Er ist im Büro.

ብዘይ ገንዘብ ንዕዳጋ ከይዶም
bsäj gänsäb nə°ädaga käjdom.
ohne Geld zum-Markt gingen-sie (m)
Sie gingen ohne Geld zum Markt.

ናብ ሩባ ከይዱ
nab ruba käjdu.
zum Fluss ging-er
Er ging zum Fluss.

ከም **käm**	wie
ኣብ ክንዲ **ab kndi**	stattdessen
ምእንቲ **mə'ənti** / ስለ **ßlä**	um einer Sache willen
ብዛዕባ እንታይ **bəsa°ba əntaj**	worüber

ስጋብ **ßgab**	bis
ሳላ **ßala**	wegen
ብሰሪ **bßäri**	bedingt durch (negativ)

ንፋስ ኣብ ኤርትራ ከም ጀርመን ድዩ፧
nfaß ab ertra käm dschärmen dju?
Luft in Eritrea wie Deutschland (?)-ist-er
Ist das Wetter in Eritrea wie in Deutschland?

ኣብ ክንዲ ሻሂ ጸባ ኣዝዝ
ab kndi schahi zäba asəs.
statt dessen Tee Milch bestellst-du(m)
Du sollst statt Tee Milch bestellen.

ብዛዕባ እንታይ ኣብ ጋዜጣ ተጻሒፉ ኣሎ፧
bəsa°ba əntaj ab gaset'a täzahifu allo?
über was in der Zeitung geschrieben existiert-er
Worüber ist in der Zeitung geschrieben worden?

Präpositionen werden häufig in Verbindung mit Suffixen des Personalpronomens verwendet. Aus **ናብ nab + ኣነ anä** wird **ናባይ nabaj**, aus **ን nə + ኣነ anä** wird **ንዓይ nə°aj**, aus **ምስ məß + ኣነ anä** **ምሳይ məßaj** etc.

ናባይ ምጻእ **nabaj məza'ə.**	*zu-mir komm-du(m)*	Komm zu mir.
ምሳይ ንዕናይ **məßaj nə°ənaj.**	*mit-mir komm-du(w)*	Komm mit mir.
ንዓይ ሃበኒ **... nə°aj habäni.**	*für-mich gib-mir*	Gib mir ...

Konjunktionen

ን **nə** („und“) und die meisten anderen Konjunktionen werden an das Wortende des Nomens angehängt und können mehrmals in einem Satz auftreten. Einige Beispiele:

ሰደቓን ወንበርን ኣምጽእ
ßädäqhan wänbärn amzə'ə.
Tisch-und Stuhl-und bring-du (m)
Bringe Tisch und Stuhl.

እውን **əwən** „und“ oder „auch“:

ንዕዳጋ ከይዱ ኣስቤዛ እውን ገዚኡ
nə°ədaga käjdu aßbesa əwən gäsi'u.
zum-Markt ging-er Lebensmittel auch gekauft
Er ging zum Markt und kaufte auch Lebensmittel.

ክሳዕ **kßa°ə** „bis“

ካብ ዓዲ ክሳዕ ከተማ
kab °adi kßa°ə kätäma
von Dorf bis Stadt
vom Dorf bis zur Stadt

Weitere Konjunktionen	
ወይ ... ወይ ... **wäj ... wäj ...**	entweder ... oder ... (exklusiv)
ዋላ **wala**	oder (inklusiv)
ግና **gəna** a: ግን **gən**	aber
እምበር **əmbär**	nur; jedoch
ጥራይ **t'raj** (wörtl. „nackt“)	nur, schlichtweg

አምበኣር **əmb°ar**	deshalb; nun
ድኣ **də’a**	auch
ስለምንታይ **ßlämntaj**	warum
ማለት **malät**	das heißt
እሞ **əmo**	deshalb; doch
ክሳብ **kßab**	bis
ብኡ ምኽንያት **b’əu məchnjat**	deswegen, aus diesem Grund
ከምኡ **käm’u**	genauso
ምስ **məß**	mit
ድሕሪ **dhri**	nach / nachdem
ብርግጽ **brgəz**	sicherlich
ብሓቂ **bhaqi**	tatsächlich
አስታት **aßtat**	ungefähr
ቅድሚ **qdmi**	vor / bevor
ብዝያዳ **bsjada**	vor allem
አብ **ab**	in

አነ ርኤካ ንስኻ ግን አይረአኻንን
anä r’eka nß-cha gən ajrä’ächanən.
ich sah-dich du aber nicht-sahst-mich
Ich habe dich gesehen, aber du hast mich nicht gesehen.

አነ ሒደት ኮሚደረ ጥራይ እየ ገዚኤ
anä hidät komidärä t’raj əjä gäsi’e.
ich wenig Tomaten nur bin-ich gekauft
Ich kaufte nur wenige Tomaten.

ሓጎስን ሳባን አብ አኽሱም ይነብሩ
hagoßn ßaban ab achßum jənäbru.
Hagos-und Saba-und in Aksum sie-leben
Hagos und Saba leben in Aksum.

Zahlen und Zählen

Die Geez-Zahlen sind nur im religiösen Bereich der orthodoxen Tewahdo-Kirche wirklich von Bedeutung. Mit ihnen werden beispielsweise Kapitelangaben in religiösen Büchern gemacht, oder die Jahreszahlen dargestellt. Ansonsten werden die „arabischen“ Zahlen verwendet.

Das traditionelle Geez-Zahlensystem ist ohne die Ziffer Null.

፩	፪	፫	፬	፭	፮	፯	፰	፱	፲
1	2	3	4	5	6	7	8	9	10
፲፩	፲፪	፲፫	፲፬	፲፭	፲፮	፲፯	፲፰	፲፱	፳
11	12	13	14	15	16	17	18	19	20
፴	፵	፶	፷	፸	፹	፺	፻	፲፻	፻፻
30	40	50	60	70	80	90	100	1000	10000

Grundzahlen (Kardinalzahlen)

Bei der Zahl 1 gibt es jeweils eine männliche und eine weibliche Form, je nachdem was man aufzählt. Sonst ist das Zählen auf Tigrinya regelmäßig und weiblich, d. h. nach dem Zehner kommen die Einer, also andersherum als im Deutschen, wo der Einer dem Zehner vorangestellt wird. Allerdings muss man bei den Zahlen 11 bis 19 beim Zehner am Ende des Zahlwortes ein **-wə -ው** (und) anhängen. Wenn wir zum Beispiel die Zahl Fünfzehn anschauen, wird zuerst der Zehner verbunden mit dem **-wə ው** am Ende und dann der Einer aufgeführt. *„Zehn-und fünf“* wäre die Wort-für-Wort-Übersetzung für fünfzehn. Ab 21 kommt dann ein anderes Wort für „und“ zum Einsatz, sowohl am Ende des Zehners als auch am Ende des Einers, das Suffix **-nə** (-ን).

Am Beispiel von **ዕስራን ሓደን °əßran hadän** (21) können wir deutlich sehen, was gemeint ist: Die Konjunktion **-nə** (**-ን**) (und) kommt zweimal vor. Man sagt von 0 bis 10:

0	**ባዶ bado** a: **ዜሮ zero**	null
1	**ሓደ hadä (m)** / **ሓንቲ hanti (w)**	eins
2	**ክልተ klətä**	zwei
3	**ሰለስተ ßäläßtä**	drei
4	**ኣርባዕተ arba°tä**	vier
5	**ሓሙሽተ hamuschtä**	fünf
6	**ሽዱሽተ schəduschtä**	sechs
7	**ሾውዓተ schow°atä**, a: **ሾብዓተ schob°atä**	sieben
8	**ሾሞንተ schomontä**	acht
9	**ትሽዓተ təschə°atä**	neun
10	**ዓሰርተ °aßärtä**	zehn

Dann geht es regelmäßig weiter:

11	**ዓሰርተው ሓደ °aßärtäw hadä**	elf
12	**ዓሰርተው ክልተ °aßärtäw klətä**	zwölf
13	**ዓሰርተው ሰለስተ °aßärtäw ßäläßtä**	dreizehn
14	**ዓሰርተው ኣርባዕተ °aßärtäw arba°tä**	vierzehn
15	**ዓሰርተው ሓሙሽተ °aßärtäw hamuschtä**	fünfzehn
16	**ዓሰርተው ሽዱሽተ °aßärtäw schəduschtä**	sechzehn
17	**ዓሰርተው ሾውዓተ °aßärtäw schow°atä** a: **ዓሰርተው ሾብዓተ °aßärtäw schob°atä**	siebzehn
18	**ዓሰርተው ሾሞንተ °aßärtäw schomontä**	achtzehn
19	**ዓሰርተው ትሽዓተ °aßärtäw təsch°atä**	neunzehn
20	**ዕስራ °əßra**	zwanzig

21	ዕስራን ሓደን °əßran hadän	einundzwanzig
22	ዕስራን ክልተን °əßran klətän	zweiundzwanzig
23	ዕስራን ሰለስተን °əßran ßäläßtän	dreiundzwanzig
30	ሰላሳ ßälaßa	dreißig
40	ኣርብዓ °arbə°a	vierzig
50	ሓምሳ hamßa	fünfzig
60	ሱሳ ßußa	sechzig
70	ሰብዓ ßäb°a	siebzig
80	ሰማንያ ßämanja	achtzig
90	ተሰዓ täß°a	neunzig

Die Hunderter enden auf ሚእቲ **mi’əti.**

100	ሚእቲ (hadä) mi’əti	hundert
200	ክልተ ሚእቲ klətä mi’əti	zweihundert
300	ሰለስተ ሚእቲ ßäläßtä mi’əti	dreihundert
400	ኣርባዕተ ሚእቲ arba°tä mi’əti	vierhundert
500	ሓሙሽተ ሚእቲ hamuschtä mi’əti	fünfhundert
600	ሽዱሽተ ሚእቲ schəduschtä mi’əti	sechshundert
700	ሾብዓተ ሚእቲ schow°atä mi’əti	siebenhundert
800	ሾሞንተ ሚእቲ schomontä mi’əti	achthundert
900	ትሽዓተ ሚእቲ təsch°atä mi’əti	neunhundert
1000	ሽሕ (hadä)schəh	tausend
2000	ክልተ ሽሕ klətä schəh	zweitausend
10.000	ዓሰርተ ሽሕ °aßärtä schəh	zehntausend

Wer noch höher hinaus will: ሚልዮን **miljon** (Million) und ቢልዮን **biljon** (Milliarde).

Zählen

Hierbei stehen die zu zählenden Dinge hinter dem Zahlwort.

ሓሙሽተ ጥራዛት አሎኒ።
h̲amuschtä t'rasat allo-ni.
fünf Hefte existieren-sie-bei-mir
Ich habe fünf Hefte.

አነ ክልተ መካይን አሎዋኒ
anä klətä mäkkajən allowa-ni.
ich zwei Autos existieren-sie-bei-mir
Ich habe zwei Autos.

ንስኻ ሾብዓተ አግማል አሎዋኻ
nß-cha schob°atä agmal allowa-cha.
du sieben Kamele existieren-sie-bei-dir
Du hast sieben Kamele.

ቃልሲ ህዝቢ ኤርትራ ሰላሳ ዓመታት ወሲዱ
qalßi hsbi ertra ßälaßa °amätat wäßidu.
Kampf Volk Eritrea dreißig Jahre dauerte-er
Der Unabhängigkeitskampf der Eritreer dauerte 30 Jahre.

Grundrechenarten

ዝተደመሮ **städämäro**	(+, plus, und)
ዝጎደሎ **sgodälo**	(-, minus, weniger)
ዝረብሖ **sräbh̲o**	(x, mal)
ዝተመቐሎ **stämäqhəlo**	(÷, geteilt durch)
ይኸውን **jəchäwən**	(=, gleich)

ሓሙሽተ ዝተደመሮ ኣርባዕተ ይኸውን ትሽዓተ
hamuschtä städämäro arba°tä jəchäwən təsch°atä
fünf dass-ihm-dazu-rechnet vier gleich neun
5 + 4 = 9

ዓሰርተ ክልተ ዝጎደሎ ክልተ ይኸውን ዓሰርተ
°aßärtäw klətä sgodälo klətä jəchäwən °aßärtä
zehn zwei dass-ihm-weniger zwei gleich zehn
12 - 2 = 10

ሾሞንተ ዝረብሐ ሰለስተ ይኸውን ዕስራን ኣርባዕተን
schomontä sräbho ßäläßtä jəchäwən °əßran arba°tän
acht dass-vermehrt-wird drei gleich zwanzig und vier
8 x 3 = 24

ሓሙሽተ ዝረብሐ ሽዱሽተ ይኸውን ሰላሳ
hamuschtä sräbho schəduschtä jəchäwən ßälaßa
fünf dass-vermehrt-wird sechs gleich dreißig
5 x 6 = 30

ዓሰርተው ሰለስተ ዝረብሐ ክልተ ይኸውን ዕስራን ሽዱሽተን
°aßärtäw ßäläßtä sräbho klətä jəchäwən
°əsran schəduschtän
zehn-und drei dass-vermehrt-wird zwei gleich
zwanzig-und sechs-und
13 x 2 = 26

ዓሰርተ ሓሙሽተ ዝተመቕሎ ሰለስተ ይኸውን ሓሙሽተ
°aßärtäw hamuschtä stämäqhəlo ßäläßtä jəchäwən hamuschtä
zehn-und fünf dass-geteilt-wird drei gleich fünf
15 ÷ 3 = 5

Ordnungszahlen (Ordinalzahlen)

Die Ordinalzahlen können in Übereinstimmung mit den entsprechenden Nomen entweder männlich oder weiblich sein:

	männlich	weiblich
erste:r	**ቀዳማይ qädamaj**	**ቀዳመይቲ qädamäjti**
zweite:r	**ካልኣይ kalə'aj**	**ካልኤይቲ kal'ejti**
dritte:r	**ሳልሳይ ßalßaj**	**ሳልሰይቲ ßalßäjti**
vierte:r	**ራብዓይ raba°aj**	**ራብዔይቲ rab°ejti**
fünfte:r	**ሓምሳይ haməßai**	**ሓምሰይቲ hamßäjti**
sechste:r	**ሳድሳይ ßadßaj**	**ሳድሰይቲ ßadßäjti**
siebte:r	**ሳብዓይ ßabə°aj**	**ሳብዓይቲ ßab°ajti**
achte:r	**ሳምናይ ßamnaj**	**ሳምነይቲ ßamnäjti**
neunte:r	**ታሽዓይ taß°aj**	**ታሽዐይቲ taß°äjti**
zehnte:r	**ዓሰራር °aßäraj**	**ዓሰረይቲ °aßäräjti**

Ordinalzahlen ab elf aufwärts bekommen den Zusatz **መበል mäbbäl.** Zum Beispiel:

11.	**መበል ዓሰርተ ሓደ**	**mäbbäl °aßärtäw hadä**
12.	**መበል ዓሰርተ ክልተ**	**mäbbäl °aßärtäw klətä**

ኣሮን ቀዳማይ ብልጫ ወጺኡ
Aron qädamaj bəltsch'a wäzi'u.
Aron erster bester kam-heraus-er
Aron wurde Klassenbester.

ለምለም ቀዳመይቲ እያ
Lämläm qädamäjti əja.
Lemlem erste-sie ist-sie
Lemlem ist Erste.

ኣሮን መበል ዓሰርተው ሽዱሽተ ዓመቱ ኣብዒሉ
Aron mäbbäl °aßärtäw schəduschtä °amätu ab°ilu.
Aron Reihe zehn-und sechs Jahre feierte-er
Aron hat seinen 16. Geburtstag gefeiert.

እቲኣ ኢትዮጵያዊት ጐያዪት መበል ዓሰርተው ሓደ ወጺኣ
əti'a tjop'iawit gojajit mäbbäl °aßärtäw hadä wäzi'a.
jene Äthiopierin Läuferin Reihe zehn-und eins kam-heraus-sie
Die äthiopische Läuferin wurde Elfte.

ቢንያም መበል ዓሰርተው ትሽዓተ ወጺኡ
Binjam mäbbäl °aßärtäw təsch°atä wäzi'u.
Binyam Reihe zehn-und neun kam-heraus-er
Binyam wurde Neunzehnter.

Bruchzahlen: **ጕዛይ ቍጽሪ g^{w}əzai quzri**		
1/2	**ፍርቂ frqi**	Hälfte, halb
1/3	**ሓደ ሰልሲት hadä ßləßit**	Drittel
1/4	**ሓደ ርብዒ hadä rb°i**	Viertel
1/5	**ሓደ ሕምሲት hadä hməßit**	Fünftel

Zeit, Datum, Mengen und Maße

Wie in den semitischen Sprachen üblich, werden die Tage im Tigrinya von 1 aufsteigend gezählt. Sonntag ist Tag Eins, Montag Tag Zwei usw. bis Tag Fünf. Freitag und Samstag haben eigene Namen.

ሰንበት **ßänbät**	*Schabbat*	Sonntag (Amharisch: **ihud,** erster Tag)
ሰኑይ **ßänuj**	*zwei*	Montag
ሰሉስ **ßäluß**	*drei*	Dienstag
ርቡዕ **robu°ə**	*vier*	Mittwoch
ሓሙስ **hamuß**	*fünf*	Donnerstag
ዓርቢ **°arbi**	*Sonnenuntergang*	Freitag
ቀዳም **qädam**	*vorangehend / zuerst*	Samstag

Die Geez-Monatsnamen

Im geschäftlichen Alltag gilt der westliche (gregorianische) Kalender in Eritrea. Die Namen der Monate wurden aber aus dem traditionellen äthiopischen Kalender übernommen. Äthiopien benutzt dagegen den julianischen Kalender, der vom westlichen Kalender um 7 bzw. 8 Tage abweicht, abhängig vom Schaltjahr. Die Namen und Reihenfolge der Monate bleiben unverändert, jedoch gibt es zwischen dem julianischen und gregorianischen Kalender Unterschiede.

Im religiösen Alltag allerdings haben der äthiopische Kalender und der islamische Kalender Geltung. መስከረም **mäßkäräm** ist der Anfangsmonat des äthiopischen Kalenders. Er beginnt nach dem gregorianischen Kalender am 11. September und endet am 10. Oktober. Der Geez-Kalender hat einen 13. Monat von fünf Tagen, genannt ጳጉሜ **p'agume**.

መስከረም mäßkäräm	11. September – 10. Oktober
ጥቅምቲ t'qmti	11. Oktober – 09. November
ሕዳር hdar	10. November – 09. Dezember
ታሕሳስ tahßaß	10. Dezember – 08. Januar
ጥሪ t'ri	09. Januar – 07. Februar
ለካቲት läkatit	08. Februar – 09. März
መጋቢት mägabit	10. März – 08. April
ሚያዝያ mjasia	09. April – 08. Mai
ጉንበት gunbät	09. Mai – 07. Juni
ሰነ ßänä	08. Juni – 07. Juli
ሓምለ hamlä	08. Juli – 06. August
ነሓሰ nähaßä	07. August – 05. September
ጳጉሜ p'agume	06. September – 10. September (11. September in einem Schaltjahr)

Das **ጥምቀት timqät**-Fest der orthodoxen Kirche findet sowohl in Eritrea als auch in Äthiopien am 18. und 19. Januar statt. Es zählt zu den höchsten orthodoxen Feiertagen Eritreas bzw. Äthiopiens. Es ist eines der eindrucksvollsten Feste dieser Länder und soll an die Taufe Jesu im Jordan erinnern. Das eritreische bzw. äthiopische Weihnachten **ልደት läddət** wird am 7. Januar gefeiert. An diesem Tag versammeln sich Tausende von Menschen in und vor den Kirchen und führen eine Kerze mit sich. Frauen und Männer stehen dabei traditionell in getrennten Bereichen der Kirche.

Die zwei großen islamischen Feiertage sind das Fastenbrechen, der **ዒድ ኣል ፈጥር °id al-fät'r** am Ende des Fastenmonats **ሮመዳን romädan** und das Opferfest, der **ዒድ ኣል ኣድሓ °id al-adha.**

Zeitangaben

Die traditionelle Zeiteinteilung beginnt um 6 Uhr abends. 7 Uhr ist demnach die erste Stunde (ሰዓት ሓደ ናይ ምሸት **ßä°at hadä naj məschät** = *Stunde eins am Abend*). Dieses Zeitsystem wird in Eritrea nicht mehr verwendet, jedoch in Äthiopien. In Eritrea wird die westliche Zeiteinteilung angewandt. Auf dem Land ist die genaue Zeitangabe nicht so relevant wie in den Städten. Dafür gibt es aber grobe Einteilungen des Tages:

ወጋሕታ wägahta	Morgen (vom ersten Licht bis zum Sonnenaufgang)
ንግሆ ngho	früh (vom Sonnenaufgang bis frühmorgens)
ረፍዲ räfdi	Vormittag (von frühmorgens bis zum Mittag)
ፍርቂ መዓልቲ frqi mä°alti a: **ፋዱስ faduß**	Mittag
ቅድሚ ቀትሪ qdmi qätri	Vormittag
ቀትሪ qätri	vom Mittag bis Frühnachmittag
ድሕሪ ቀትሪ dhri qätri	Nachmittag
ኣጋ ምሸት aga məschät	Spätnachmittag
ዕራርቦ °ərarbo	vom Spätnachmittag bis zum Sonnenuntergang
ምሸት məschät	Abend
ናይ ምሸት naj məschät	abends
ለይቲ läjti	Nacht
ፍርቂ ለይቲ frqi läjti	Mitternacht

Uhrzeit

ሰዓት ክንድይ ኣሎ፧ ßä°at kndäj allo? *(Stunde wieviel existiert-er)* ist die übliche Möglichkeit, nach der Uhrzeit zu fragen. Darauf antworter man: **ßä°at ... allo.** Um ganze Stunden zu beschreiben, werden die Grundzahlen benutzt. Für die Unterteilungen „halb“ und „viertel“ verwendet man die Bruchzahlen. „Vor“ heißt **ጎደል goddäl** (weniger) und „nach“ **ን nə-** (und). Übrigens ist es üblich, nur die Zahlen von 1 bis 12 zu benutzen und jeweils die Ausdrücke „morgens“, „nachmittags“, „abends“ oder „nachts“ anzugeben. Beispiele:

ሰዓት ሰለስተ ድሕሪ ቀትሪ ኣሎ
ßä°at ßäläßtä dhri qätri allo.
Stunde drei nach Mittag existiert-er
Es ist drei Uhr nachmittags.

ሰዓት ሾሞንተ ናይ ምሸት ኣሎ
ßä°at schomontä naj məschät allo.
Stunde acht von Abend existiert-er
Es ist acht Uhr abends.

ሰዓት ሰለስተን ፈረቓን ኣሎ
ßä°at ßäläßtän färäqhan allo.
Stunde drei-und halb-und existiert-er
Es ist 3 Uhr 30.

ርብዒ ጎደል ንኣርባዕተ ኣሎ
rb°i goddäl nəarba°tä allo.
viertel weniger zu-vier existiert-er
Es ist viertel vor vier.

ሰዓት ሰለስተን ርብዒን ኣሎ
ßä°at ßäläßtän rb°in allo.
Stunde drei-und viertel-und existiert-er
Es ist viertel nach drei.

Zeitbegriffe und Zeitangaben	
ክሊኢት kli'it	Sekunde
ደቒቕ däqhiqh	Minute
ደቓይቕ däqhajəqh	Minuten
ሰዓት ßä°at	Stunde, Uhr
ሰዓታት ßä°atat	Stunden
መዓልቲ mä°alti	Tag
መዓልትታት mä°alt-tat	Tage
ሰሙን ßämun	Woche
ሰሙናት ßämunat	Wochen
ወርሒ °wärh̲i	Monat
አዋርሕ awarəh̲	Monate
ዓመት °amät	Jahr
ዓመታት °amätat	Jahre
ዓሚ °ami	letztes Jahr
ዝመጽእ ዓመት səmäz'ə °amät	nächstes Jahr
መዓልታዊ mä°altawi	täglich
ካብ ግዜ ንግዜ kab gse ngse	von Zeit zu Zeit
ትማሊ tmali	gestern
ቅድሚ ትማሊ qdmi tmali	vorgestern
ሎሚ lomi	heute
ጽባሕ zbah̲	morgen
ድሕሪ ጽባሕ dh̲ri zbah̲	übermorgen
ቀደም qädäm	früher
ድሓር dh̲ar	später
ብዙሕ ግዜ bsuh̲ gse	oft
ሳሕቲ ßah̲ti	selten
ኩሉ ግዜ kulu gse	immer
ብፍጹም bfəzum	nie
ሕጂ h̲ədschi	jetzt

ኣብ ሓጺር ግዜ **ab hazir gse**	bald
ብድሕሪኡ **bdəhəri'u**	danach
ብቕድሚኡ **bəqhədmi'u**	davor
ንግሆ **ngho**	morgens
ጽባሕ **zbah**	morgen

Die Jahreszeiten: **ወቕትታት wäqhət-tat**	
ጽድያ **zdja**	Frühling
ሓጋይ **hagaj**	Sommer
ቀውዒ **qäw°i**	Herbst
ክረምቲ **krämti**	Winter (Regenzeit)

Mengen und Maße

ሚዛንን መዐቀንን **misanən mä°əqänən**	Maße und Gewichte
ግራም **gram**	Gramm
ኪሎግራም **kilogram**	Kilogramm
ሊትሮ **litro**	Liter
መትሮ **mätro**	Meter
ኪሎመትር **kilomätär**	Kilometer

ካብ አስመራ ንኸረን ክንደይ ኪሎመትር እዩ፧
kab aßmära nə-chärän kndäj kilomätär əju?
von Asmara nach-Keren wieviel Kilometer er-ist
Wie weit ist es von Asmara nach Keren?

Tigrinya sprechen

Nach dem Motto „Mut zur Lücke“ sollte man nicht warten, bis man die Sprache perfekt beherrscht, sondern sollte sie frühzeitig praktizieren, auch wenn man anfangs Fehler macht.

Einige Sätze auf Tigrinya erleichtern die Kontaktaufnahme enorm. Tigrinya-Sprechende sind meist sehr erfreut und überrascht, wenn Ausländer ihre Sprache sprechen!

Wörter, die weiterhelfen

Wenn man in Tigray (Nordäthiopien) oder Eritrea unterwegs ist und mit Einheimischen in Kontakt tritt, können folgende höflichen Ausdrücke helfen, jemanden anzusprechen:

ይቕሬታ
jəqhreta
pardon
Entschuldigung!

የቐንየለይ
jäqhänjä-läj
er-möge-dir-verweilen-lassen-für-mich
Danke!

ገንዘብካ
gänsäb-ka
Vermögen-dein (m)
Bitte sehr.
(an einen Mann gerichtet)

ገንዘብኪ
gänsäb-ki
Vermögen-dein (w)
Bitte sehr.
(an eine Frau gerichtet)

እወ
əwä.
ja
Ja.

ይኣክል
jə’akəl.
möge genug sein
Es ist genug.

በጃኻ
bädscha-cha!
anstatt-dir(m)
bitte (Aufforderung an einen Mann gerichtet)

በጃኺ
bädscha-chi!
anstatt-dir(w)
bitte (Aufforderung an eine Frau gerichtet)

ሕራይ
hraj.
okay
Okay.

የሎን
jällon.
existiert-er-nicht
Nein, gibt es nicht.
(neutrale Verneinung)

Die wichtigsten Fragen

Die folgenden Sätze und Fragen, mit sinnvollen Hauptwörtern ergänzt, helfen bei der Orientierung und falls man etwas benötigt.

ኣሎዶ ... ፧ **allo-do...?**	Gibt es...?
እወ፡ ኣሎ **əwä, allo.**	Ja, das gibt es.
የሎን **jällon.**	Das gibt es nicht.
ኣሎካዶ ... ፧ **alloka-do ... ?**	Hast du (m) ...?
ኣሎኪዶ **alloki-do ... ?**	Hast du (w) ...?
ኣነ እደሊ ... **anä ədälli ...**	Ich möchte / will ...
ኣበይ ኣሎ... ፧ **abäj allo ... ?**	Wo gibt es ... ?

በጃኻ ሃበኒ ... !
bädscha-cha habäni...!
Gib mir bitte ...! (zu Mann)

በጃኺ ሃብኒ ...!
bädscha-chi habəni...!
Gib mir bitte ...! (zu Frau)

ንዓይ ኣድልየኒ … ኣሎ
nə°aj ädləjä-ni … allo.
Ich brauche …

ክንደይ እዩ ዋግኡ … ፧
kndäj əju wagə'u … ?
Wie viel kostet …?

ኣበይ እየ ዝገዝኦ … ፧
abäj əjä səgäs'o … ?
Wo kann ich … kaufen?

እንታይ እዩ፧
əntaj əju?
Was ist das?

ኣነ ክወስዶ እየ
anä kwäßdo əjä.
Ich nehme das.

ኣበይ ይርከብ … ፧
abäj jərəkäb … ?
Wo befindet sich … ?

ከመይ ጌረ ን … እበጽሕ፧
kämäj gerä nə… əbäzəh?
Wie komme ich zu / nach …?

ናበይ ገጹ እዩ … ፧
nabäj gäzu əju … ?
Wo geht es nach …?

ታክሲ	**takßi**	Taxi
ፋርማሲ	**farmaßi**	Apotheke
ሓኪም	**hakim**	Arzt
ኤምባሲ	**embaßi**	Botschaft
ሽቓቕ	**schəqhaqh**	Toilette
ኣሰቢዳለ	**aßbidalä**	Hospital
ኣድራሻ	**adrascha**	Adresse
ባንኪ	**banki**	Bank
ቤት መግቢ	**bet mägbi**	Restaurant
ሆቴል	**hotel**	Hotel
ክፍሊ	**kfli**	Zimmer
እንዳ ፖስጣ	**ənda poßt'a**	Postamt
ፖሊስ	**poliß**	Polizei
መዓርፎ ነፈርቲ	**mä°ərfo näfärti**	Flughafen

እዛ አቶቡስ ትኸይድ ድያ ን ... ፧

əsa ətobuß təchäjəd dəja nə ...?

diese Bus sie-geht (?)-sie-ist nach ...

Fährt dieser Bus nach ...?

እዛ አቶቡስ ንባጽዕ ትኸይድ ድያ፧

əsa ətobuß nbazə° təchäjəd dəja?

diese Bus nach-Massawa sie-geht (?)-sie-ist

Fährt der Bus nach Massawa?

ኣይትኸይድንያ፥ ንከረንያ ትኸይድ

aj-təchäjəd-nja, nə-chärän-ja təchäjəd.

nicht-sie-geht-sie-ist, nach-Keren-sie ist geht-sie

Nein, der Bus fährt nach Keren.

Die Stadt Massawa hat zwei Namen, nämlich **ምጽዋዕ Məzəwa°** und **ባጽዕ Bazə°. Bazə°** ist bei den Tigrinya sprechenden Menschen geläufiger als **Məzəwa°**. In den europäischen Sprachen jedoch finden wir nur den Namen „Massawa“, und das bedeutet im Tigrinya „rufen, schreien“.

ኣብጽሓኒ ን... በጃኻ!

abzahani nə ... bädscha-cha!

Bringen Sie mich zu / nach ... !

ክትሕግዘኒዶ ምኽኣልካ፧

kəthəgəsänido məchä'al-ka?

Können Sie mir helfen?

ከመይ ኣሎኻ፧

kämäj allo-cha?

Wie geht es dir (m)?

ከመይ ኣሎኺ፧

kämäj allo-chi?

Wie geht es dir (w)?

Die Frage nach der „Identität“ oder einer Eigenschaft kann so gestellt werden:

ኣበይ እዩ እቲ ትያትር፧
abäj əju əti tjatr?
wo er-ist jener Theater
Wo findet das Theater statt?

መን እዩ እቲ ሰብኣይ፧
män əju əti ßäb’aj?
wer er-ist jener Mann
Wer ist jener Mann?

Die Frage nach dem „Besitz“ ist ähnlich die Frage nach der „Existenz“, doch das Suffix ist hier **-ካ–ka** und nicht **-ኻ –cha**. Damit wird Besitz signalisiert.

ኣሎካዶ፧
allo-ka-do … ?
Hast du … (m)?

ኣሎኪዶ፧
allo-ki-do … ?
Hast du … (w)?

Mögliche Antworten zur „Existenzfrage“:

የሎን jällon.
nicht-existiert-er
Nein, gibt es nicht. (m)

የላን jällan.
nicht-existiert-sie
Nein, gibt es nicht. (w)

እወ ኣሎ əwä allo.
ja existiert-er
Ja, gibt es. (m)

እወ ኣላ əwä alla.
ja existiert-sie
Ja, gibt es. (w)

Beispiele für Antworten zur „Identitätsfrage“:

ኣብዚ እዩ
absi əju
auf-diese er-ist
hier

እቲ ሰብኣይ ጻዕረኛ እዩ
əti ßäb’aj za°əräña əju.
jener Mann fleißig er-ist
Jener Mann ist fleißig.

Mögliche Antworten zur „Besitzfrage":

ኣሎኒ እወ **allo-ni əwä**
existiert-er-bei-mir ja
Ja, habe ich. (m/w)

የብለይኒ **jäbəlläj-ni**
nicht-existiert-er-bei-mir
Nein, habe ich nicht. (m/w)

Nichts verstanden?

ኣነ ጀርመናዊ እየ
anä dschärmänawi əjä.
ich deutsch ich-bin
Ich bin Deutscher / Deutsche.

ኣነ ሒደት ትግርኛ ጥራይ እየ ዝዛረብ
anä h̲idät tgrəña t'raj əjä səsaräb.
ich wenig Tigrinya nur ich-bin welches-ich-spreche
Ich spreche nur wenig Tigrinya.

ኣነ ኣይተረዳእኩኻን
anä ajtäräda'əkuchan.
ich nicht-verstanden-dich(m)
Ich habe dich nicht verstanden.

ኣነ ኣይተረዳእኩኽን
anä ajtäräda'əkuchən.
ich nicht-verstanden-dich(w)
Ich habe dich nicht verstanden.

እንታይ ኢልካ፧
əntaj ilka?
was sagst-du(m)
Wie bitte? *(an Mann)*

እንታይ ኢልኪ፧
əntaj ilki?
was sagst-du(w)
Wie bitte? *(an Frau)*

ቀስ ኢልካዶ ክትዛረብ ምኽኣልካ፧
qäß ilka-do ktəsaräb mchä'alka?
langsam sagst-du-(?) dass-du-sprichst du-kannst
Könntest du (m) bitte langsamer sprechen?

ቀስ ኢልኪዶ ክትዛረቢ ምኽኣልኪ፧
qäß ilki-do ktəsaräbi mchä'alki?
langsam sagst-du-(?) dass-du-sprichst du-kannst
Könntest du (w) bitte langsamer sprechen?

እንታይ እዩ ዝብሃል ብትግርኛ፧
əntaj əju sbəhal btgrəña?
was er-ist der-genannt-wird in-Tigrinya
Wie sagt man das auf Tigrinya?

በጃኻ ተርጉመለይ!
bädschacha tärg^{w}əmäläj!
bitte übersetze-für-mich
Übersetzen Sie (m) mir das bitte!

Kurz-Knigge

Wer sich in ein fremdes Land begibt, sollte grundsätzlich für die dortigen Kulturen und Sitten Verständnis haben. Eine tolerante Einstellung erleichtert den Umgang mit den Menschen wesentlich. Man sollte vor allem nicht vergessen, dass man Gast ist und die Gepflogenheiten zu befolgen hat. Wenn man die fremden Sitten respektiert und die Menschen höflich behandelt, kann eigentlich nichts schieflaufen.

Eingeladen sein

Wenn einem etwas zu essen angeboten wird, sollte man auch davon essen. Sich aus vermeintlicher Bescheidenheit zu „zieren“, ist für die Gastgeber eher eine Kränkung.

Polizei und Militär

Das Auswärtige Amt schreibt: In Eritrea existieren Sondergerichte sowie die Todesstrafe. Homosexuelle Handlungen sind strafbar. Drogenbesitz und -konsum (jeder Art) kann zu mehrjährigen Haftstrafen führen.

Rauchen

Der Genuss von Tabak war in der äthiopischen Geschichte verpönt. Auch heute ist das Rauchen in einigen Landesteilen von Eritrea und Äthiopien nicht gut angesehen. Auch wenn man rauchende Frauen in den Städten sieht, werden diese meistens mit Prostitution in Verbindung gebracht. Man sollte beim Rauchen auf Distanz achten, denn Tabakkonsum hat nicht die Selbstverständlichkeit wie in Europa. Vor allem vor einer Kirche kann es als respektlos empfunden werden. Bei den Muslimen hat das Rauchen kein so negatives Image wie bei den orthodoxen Christen.

Kleidung

Zu festlichen Anlässen sollte man sich formeller gekleidet in die Öffentlichkeit begeben. Es wird natürlich von ausländischen Besuchern nicht erwartet, sich die eritreische bzw. äthiopische Kleidung anzueignen. Europäische Freizügigkeit sollte man aber aus Respekt vor der dortigen Kultur im tolerierbaren Bereich belassen: kaputte oder schmutzige Kleidung vermeiden und die Schultern und Beine bedeckt halten.

Religionen

In Eritrea und Äthiopien sind die drei monotheistischen Religionen, Judentum, Christentum und Islam, relativ früh angekommen. Neben diesen sogenannten abrahamitischen Religionen gab es dort immer indigene Religionen, die wir als Naturreligionen bezeichnen.

Über Jahrhunderte hinweg beherrschte das **orthodoxe äthiopische Christentum** das abessinische Hochland und prägt auch weiterhin das heutige Äthiopien. Gläubige äthiopische orthodoxe Christen haben zahlreiche Fastentage im Jahr, darunter Ostern, orthodoxe Weihnachten (im Januar) sowie das Fasten jeden Mittwoch und Freitag.

Der **sunnitische Islam** ist ebenfalls eine in weiten Teilen Eritreas und Äthiopiens verbreitete Religion. Die Beta Israel haben das **äthiopische Judentum** bis in unsere Zeit bewahrt. Heute leben nur noch einige Tausend Juden in Äthiopien.

Es gibt zahlreiche Sehenswürdigkeiten in Eritrea und Äthiopien, viele davon sind Kirchen. Die in den Fels gehauenen Kirchen von Lalibela sind von besonderer Bedeutung. Sie gehören zum UNESCO-Weltkulturerbe und stellen eine herausragende historische Attraktion dar. Wenn man eine Kirche betritt, zieht man am Eingang die Schuhe aus!

ይሁዳዊ እምነት	jhudawi imnät	jüdische Religion
ይሁዳዊት	jhudawit	jüdisch
ይሁድ	jhud	Jude
ይሁዳዊት	jhudawit	Jüdin
ክርስትና	krəßtəna	Christentum
ክርስትያን	krəßtjan	Christ / Christin
ተዋህዶ	täwahdo	orthodox
ኮቶሊኽ	kotolich	katholisch
ከኒሻ	känischa	protestantisch
እስልምና	əßlməna	Islam
ኣስላማይ	aßlamaj	Muslim
ኣስላመይቲ	aßlamäjti	Muslima
ኣማኒ	amani	Gläubiger
ጸሎት	zälot	Gebet
ጸለየ ምጽላይ	zäläjä, mzəlaj	beten
ጾም	zom	Fasten
ጾመ ምጽዋም	zomä, məzwam	fasten
ቁርኣን	qur'an	Koran
መስጊድ	mäßgid	Moschee
ነቢይ	näbij	Prophet
ኢማም	imam	Vorbeter der Sunniten
መጽሓፍ ቅዱስ	mäzhaf qduß	Bibel
ቤተ ክርስትያን	betä krəßtjan	Kirche
ቀሺ	qäschi	Priester

እንታይ እዩ ሃይማኖትካ፧
əntaj əju hajmanotka?
was er-ist dein-Religion
Welche Religion hast du?

ሃይማኖተይ እስልምና እዩ
hajmanotäj əßlməna əju.
Religion-mein Islam er-ist
Ich bin Muslim.

ፍቓድ ድዩ ኣብዚ ቤተ ክርስትያን ክንኣቱ፧
fəqhad dju absi betä-krəßtjan kən'atu?
Erlaubnis (?)-er-ist hier Kirche dass-wir-reinkommen
Ist es erlaubt, in die Kirche hineinzugehen?

እንታይ እዩ ትርጉሙ፧
əntaj əju tərgumu?
was er-ist seine-Übersetzung
Was bedeutet das?

Begrüßen und Verabschieden

Die Begrüßung und Verabschiedung ist in der äthio-eritreischen Kultur sehr wichtig, weil man dem Mitmenschen dadurch Respekt zollt und an seiner Befindlichkeit Interesse zeigt. Vor allem aber stellt die Begrüßung Kontakt unter den Menschen her. Bei der Begrüßung erkundigt man sich nach der Gesundheit und der Familie, und bei der Verabschiedung werden gute Wünsche vorausgeschickt. Man gibt sich die rechte Hand zur Begrüßung. Die linke Hand dagegen gilt als „unrein" und wird weder beim Essen noch bei der Begrüßung gebraucht. Besonders Höflichkeit gegenüber älteren Menschen ist sowohl in Eritrea als auch in Äthiopien sehr wichtig. Ältere Menschen genießen dort großen Respekt. Die gewöhnliche Anrede für verheiratete Frauen lautet **ወይዘሮ wäjsäro**, für unverheiratete Frauen **ወይዘሪት wäjsärit**, für Männer **ኣቶ**

ato, immer in Kombination mit dem Vornamen. In der Regel duzen sich die Menschen im Alltag. Es wäre völlig übertrieben, wie in Deutschland jeden zu siezen. Nur ältere Menschen und Würdenträger (z. B. Geistliche) werden in der Höflichkeitsform angesprochen.

Die wichtigsten Begrüßungs- und Verabschiedungsfloskeln zu kennen, kann sehr nützlich sein. **ßälam** bedeutet „Friede" und wird bei der Begrüßung und Verabschiedung im Sinne von „Hallo" und „Auf Wiedersehen" benutzt.

ሰላም
ßälam!
Friede
Hallo!

ሰላም
ßälam!
Friede
Hallo!

zu einem Mann:

ከመይ ሓዲርካ፧
kämäj hadirka (m)?
wie verbrachtest-du-die-Nacht(m)
Guten Morgen!

zu einer Frau:

ከመይ ሓዲርኪ፧
kämäj hadirki (w)?
wie verbrachtest-du-die-Nacht(w)
Guten Morgen!

Dieses Kapitel zum Anhören: siehe Seite 176

zu einem Mann:

ከመይ ዊዒልካ፧
kämäj wi°ilka?
wie verbrachtest-du-den-Tag
Guten Tag!

zu einer Frau:

ከመይ ዊዒልኪ፧
kämäj wi°ilki?
wie verbrachtest-du-den-Tag
Guten Tag!

Die folgende Begrüßungsfloskel ist von allgemeiner Art, um ein Gespräch einzuleiten:

zu einem Mann:

ከመይ ኣሎኻ፧
kämäj allocha?
wie existierst-du
Wie geht's dir?

zu einer Frau:

ከመይ ኣሎኺ፧
kämäj allochi?
wie existierst-du
Wie geht's dir?

Die oben genannten Begrüßungen können wie folgt beantwortet werden:

እግዚኣብሄር ይመስገን
əgsi'abher jəmäßgän.
Herrscher-der-Nation soll-werden-gesegnet
Gott möge gesegnet sein.

Wenn man sich besser kennt, umarmt man sich und küsst sich auf die Wange. Bei Muslimen ist es üblich, sich statt auf die Wangen gegenseitig die Hände zu küssen. Sonst gibt man sich die Hand, wie auch hier in Deutschland üblich. Wenn es Abend wird, sagt man:

zu einem Mann:

ድሓን ኣምሲ
dhan amßi!
wohl der-Abend-dir
Guten Abend!

zu einer Frau:

ድሓን ኣምስዪ
dhan amßji!
wohl der-Abend-dir
Guten Abend!

ድሓን dhan ist ein Adjektiv von dem Verb **ድሓነ dhanä** „er ist errettet" und heißt hier so viel wie „wohl" oder „gut". Wenn man ins Bett geht, sagt man:

zu einem Mann:

ድሓን ሕደር
dhan hdär!
wohl übernachtest-du
Gute Nacht!

zu einer Frau:

ድሓን ሕደሪ
dhan hdäri!
wohl-übernachtest-du
Gute Nacht!

Wenn man sich tagsüber verabschiedet:

zu einem Mann:

ድሓን ውዓል
dhan w°al!
wohl der-Tag-dir(m)
Auf Wiedersehen!

zu einer Frau:

ድሓን ውዓሊ
dhan w°ali!
wohl der-Tag-dir(w)
Auf Wiedersehen!

zu einem Mann:

ድሓን ኩን
dhan kun!
wohl sei-dir(m)
Auf Wiedersehen.

zu einer Frau:

ድሓን ኩኒ
dhan kuni!
wohl sei-dir(w)
Auf Wiedersehen.

Die Abschiedsfloskel **dh̲an kun** ist auch von allgemeiner Art, um ein Gespräch zu beenden. Wenn man jemanden neu kennenlernt, sagt man:

ጽቡቕ ሌላ
zbuqh lela.
gut Kennenlernen
Schön, dich kennenzulernen! (= „Angenehm!“)

Man antwortet darauf ebenso mit **zbuqh lela.**

Das erste Gespräch

In Eritrea und Äthiopien ist es unhöflich, einfach loszureden, ohne vorher etwas zu plaudern. Dieser „Smalltalk“ ist der Beginn einer jeden Kontaktaufnahme, um Vertrauen aufzubauen und beiden Gesprächspartnern eine Möglichkeit zu geben, den anderen besser kennenzulernen. Es ist beispielsweise üblich, sich nach jemandes Wohlbefinden zu erkundigen, bevor man ihn nach größeren Angelegenheiten fragt.

Das erste Gespräch auf Tigrinya wird also nicht lange auf sich warten lassen. Darum gebe ich hier ein Beispiel, wie eine solche Unterhaltung aussehen kann.

መርሓባ
märh̲aba!
Willkommen!

ሰላም
ßälam!
Hallo!

zu einem Mann:

እንቋዕ ድሓን መጻእካ
ənqʷa° dh̲an mäza'əka.
gut wohl angekommen-dir(m)
Schön, dass du da bist!

zu einer Frau:

እንቋዕ ድሓን መጻእኪ
ənqʷa° dh̲an mäza'əki.
gut wohl-angekommen-dir(w)
Schön, dass du da bist!

Als Antwort darauf sagt man:

zu Männern:

እንቋዕ ድሓን ጸናሕኩም
ənqʷa° dh̲an zänah̲kum.
gut wohl angetroffen-euch(m)
Schön, dass ihr da seid!

zu Frauen:

እንቋዕ ድሓን ጸናሕክን
ənqʷa° dh̲an zänah̲kən.
gut wohl angetroffen-euch (w)
Schön, dass ihr da seid!

Wenn man sich begegnet, ist es üblich, sich nach nach dem Namen zu erkundigen. Man fragt neutral, ohne Höflichkeitsfloskel:

መንዩ ስምካ፧
mänju ßmka?
wer-ist Name-dein(m)
Wie heißt du?

መንዩ ስምኪ፧
mänju ßmki?
wer-ist Name-deine(w)
Wie heißt du?

Die Antwort darauf lautet:

ስመይ ሰለሙን እዩ
ßmäj ßälämun əju.
Name-mein Selemun er-ist
Ich heiße Selemun
(= Salomon).

ስመይ ኣልማዝ እዩ
ßmäj Almaz əju.
Name-mein Almaz er-ist
Ich heiße Almaz.

ከመይ ኣሎኻ / ኣሎኺ፧
kämäj allocha / allochi?
wie existierst-du(m/w)
Wie geht es dir (m/w)?

ጽቡቕ፡ እግዚኣብሄር ይመስገን
zbuqh əgsi'abher jəmäßgän!
gut Gott möge-gesegnet-sein
Gott sei Dank gut.

Muslime sagen dazu:

ኣልሓምዱ ሊላህ
al-hamdu li-llah!
der-Dank für-Gott(m)
Gott sei Dank. (arabisch)

ንስኻ ካበይ መጺእካ፧
nßcha kabäj mäzi'əka?
du(m) woher gekommen-bist
Woher kommst du (m)?

ንስኺ ካበይ መጺእኪ፧
nßchi kabäj mäzi'əki?
du(w) woher gekommen-bist
Woher kommst du (w)?

ኣነ ካብ ጀርመን እየ
anä kab dschärmän əjä!
ich aus Deutschland ich-bin
Ich komme aus Deutschland.

ንሕና ጀርመናውያን ኢና
nhna dschärmänawjan ina.
wir Deutsche sind-wir
Wir sind Deutsche.

ክንደይ እዩ ዕድሜኻ፧
kndäj əju °ədmecha (m)?
wieviel er-ist dein-Alter(m)
Wie alt bist du?

ክንደይ እዩ ዕድሜኺ፧
kndäj əju °ədmechi?
wieviel er-ist dein-Alter(w)
Wie alt bist du?

ዕድመይ ዕስራ ዓመት እዩ
°ədmäj °əßra °amät əju.
Alter-mein zwanzig Jahr er-ist
Ich bin 20.

እንታይ እዩ ስራሕካ፧
əntaj əju ßrahka?
was er-ist deine-Arbeit(m)
Was bist du von Beruf?

እንታይ እዩ ስራሕኪ፧
əntaj əju ßrahki?
was er-ist deine-Arbeit(w)
Was bist du von Beruf?

ኣነ
anä ...
Ich (bin) ...

ሰራሕተኛ	ßärahtäña	Arbeiter
ስራሕ ኣልቦ	ßrah albo	arbeitslos
ሓኪም	hakim	Arzt
ሓረስታይ	haräßtaj	Bauer
ብዓል ሞያ	bə°al moja	Experte
ብዓልቲ ሞያ	bə°alti moja	Expertin
ሰኣላይ	ßä'alaj	Fotograf
ሰኣሊት	ßä'alit	Fotografin
ነጋዳይ	nägadaj	Geschäftsmann
ነጋዲት	nägadit	Geschäftsfrau
ብዓል ጥበብ	bə°al t'əbäb	Handwerker
ምሃንድስ	məhandəß	Ingenieur
ጆርናሊስት	dschornalißt	Journalist
መምህር	mämhər	Lehrer / Lehrerin
ተመሃራይ	tämäharaj	Student
ተመሃሪት	tämäharit	Studentin
ኣስተርጓማይ	aßtärg^{w}amaj	Dolmetscher
ኣስተርጓሚት	aßtärg^{w}amit	Dolmetscherin
ኣውቲስታ	autißta	Fahrer
ከሻኒ	käschani	Koch
ከሻኒት	käschanit	Köchin

ደራፊ	**därafaj**	Sänger
ደራፊት	**därafit**	Sängerin
ቀሺ	**qäschi**	Priester
ሸኽ	**schäch**	Scheich
ኢማም	**imam**	islamischer Vorbeter
ጸሓፊ	**zähafi**	Sekretär
ጸሓፊት	**zähafit**	Sekretärin
ደራሲ	**däraßi**	Autor
ደራሲት	**däraßit**	Autorin

Von großem Interesse ist auch die Familie.

ምርዕው ዲኻ፧
mər°əw dicha?
verheiratet (?)-du-bist
Bist du verheiratet? (m)

ምርዕውቲ ዲኺ፧
mər°əwti dichi?
verheiratet (?)-du-bist
Bist du verheiratet? (w)

ኣይተመርዓኹን
ajtämär°achun.
nicht-verheiratet-ich-bin
Nein, ich bin nicht verheiratet.

ቆልዑ ኣሎዉኻዶ፧
qol°u allowuchado?
Kinder existieren-sie-bei-dir-(?)
Hast du Kinder? (m)

ቆልዑ ኣሎዉኺዶ፧
qol°u allowuchido?
Kinder existieren-sie-bei-dir-(?)
Hast du Kinder? (w)

Tipp: Wenn man privat eingeladen wird, sollte man nicht absagen. Es ist eine schöne Möglichkeit, einen eritreischen bzw. äthiopischen Haushalt kennenzulernen. Mit Sicherheit ist es eine große Ehrbezeugung an den Eingeladenen. Sowohl die christlichen als auch muslimischen Menschen dort sind offen und gastfreundlich. Um sich nach einer Adresse zu erkundigen, sagt man:

ኣድራሻኻ ኣበይ እዩ፧
adraschacha abäj əju?
Adresse-dein wo er-ist
Wie lautet deine Adresse? (m)

ኣድራሻኺ ኣበይ እዩ፧
adraschachi abäj əju?
Adresse-dein wo er-ist
Wie lautet deine Adresse? (w)

Will man jemanden zum Sitzen auffordern (Befehlsform), ist es vornehm, diese Form zu benutzen:

ንበር
nbär!
nimm-Platz-du
Setz dich (m)!

ንበሪ
nbäri!
nimm-Platz-du
Setz dich (w)!

ንበሩ
nbäru!
nehmt-Platz-ihr
Setzen Sie sich (m Pl)!

ንበራ
nbära!
nehmt-Platz-ihr
Setzen Sie sich (w Pl)!

Sind es mehere Menschen verschiedenen Geschlechts, wird die männliche Pluralform benutzt.

Floskeln und Redewendungen

Die richtige Floskel in der entsprechenden Situation parat zu haben, schätzen Eritreer und Äthiopier gleichermaßen.

Zustimmen und Ablehnen

ሕራይ	hraj!	Okay!
እወ	əwä!	Ja!
እወ ብርግጽ	əwä brəgəz!	Ja, sicher!
ኣይኮነን	ajkonän!	... ist nicht da! / ... gibt es nicht!
ኣነ እሰማማዕ እየ	anä əßəmama° əjä!	Einverstanden!
ደስ እንዳበለኒ	däs əndabäläni!	Gerne!
ብዘይ ጥርጥር	bsäj t'ərət'ər!	Zweifellos!
ሓቅኻ/ሓቅኺ	haqəcha! / haqəchi!	Du hast Recht!
ምናልባት	mənalbat!	Vielleicht!
ብሓቂ	bhaqi!	Wirklich!

Bitten und Danken

Das Wort „Bitte“, um jemanden um etwas zu bitten, ist im Tigrinya ein anderes Wort als das „Bitte“, wenn man jemandem etwas gibt „hier hast du, bitte sehr“:

በጃኻ	bädschacha	bitte (um etw.) an einen Mann
በጃኺ	bädschachi	bitte (um etw.) an eine Frau
የቐንየለይ	jäqhänjäläj!	Danke!
ገንዘብካ	gänsäbka!	Bitte sehr! (an einen Mann)
ገንዘብኪ	gänsäbki!	Bitte sehr! (an eine Frau)

Unterwegs

Eritrea ist als Kriegsgebiet kein sicheres Reiseland. Man kann nur per Flugzeug einreisen, die Grenzübergänge am Boden sind geschlossen. Touristische Visa werden derzeit nicht erteilt.

Das muss jedoch nicht für immer so bleiben, und um auch mit Eritreern in Deutschland oder Europa über das Thema reden zu können, hier einige Sätze und Wörter dazu.

Wenn jemand verreist, sagt man:

ጽቡቕ መገሻ!
zbuqh mägäscha!
gut Reise
Gute Reise!

Wenn man zu Fuß unterwegs ist und nach dem Weg fragt, sind die folgenden Richtungsangaben von Nutzen:

ኣብዚ	**absi**	hier
ኣብኡ	**ab'u**	dort
ንየማን	**nəjäman**	nach rechts
ንየማን ተጠወ	**nəjäman tät'äwä**	rechts abbiegen
ንጸጋም	**nəzägam**	nach links
ንጸጋም ተጠወ	**nəzägam tät'äwä**	nach links abbiegen
ትኽ ኢልካ ኪድ	**təch ilka kid (m)**	geh geradeaus (m)
ትኽ ኢልኪ ኪዲ	**təch ilki kidi (w)**	geh geradeaus (w)
ድሕሪት ተመለስ	**dhrit tämäläß**	geh zurück! (m)
ድሕሪት ተመለሲ	**dhrit tämäläßi**	geh zurück! (w)
በዚ ወገን	**bäsi wägän**	diese Richtung
ሰሜን	**ßämjen**	Norden
ደቡብ	**däbub**	Süden

mi'atin °aßärtä hadän

ምዕራብ	mə°ərab	Westen
ምብራቕ	məbraqh	Osten
ርሑቕ	rhuqh	weit von
ቀረባ	qäräba	nahe bei

Mit dem Taxi

In Asmara und einigen großen Städten Äthiopiens kann man ein Taxi nehmen. Es gibt auch Sammeltaxis, die eine bestimmte Strecke innerhalb der Stadt befahren und erst dann losfahren, wenn jeder Platz besetzt ist. Sie sind eine gute Alternative zu Bussen.

ታክሲ	takßi	Taxi
ሚኒ ባስ	minibaß	Sammeltaxi, auch: „Line-Taxi“
ጠጠው መበል አቶቡስ	t'ät'äw mäbäl ətobuß	Haltestelle (Zwischenstopp)
ማእከል ከተማ	ma°əkäl kätäma	Stadtzentrum
ከተማ	kätäma	Stadt
ገጠር	gät'är	das Land (ländlich)
ወደብ	wädäb	Hafen
ማዕርፎ ነፈርቲ	ma°ərfo näfärti	Flughafen

Im Zweifelsfall ist es besser, den Preis auszuhandeln, bevor man in ein Taxi einsteigt.

ኣነ ንማዕርፎ ነፈርቲ ደልየ
anä nəma°ərfo näfärti däljä.
ich für-Flughafen Flugzeuge will-ich
Ich möchte zum Flughafen.

ክንደይ እዩ ዋግኡ፧
kndäj əju wagə'u?
wieviel er-ist sein-Preis
Wieviel kostet das?

ኣብዚ ጠጠው በል / በሊ
absi t'ät'äw bäl / bäli!
hier stehen sollst-du
Halte hier! (m/w)

ንኣስመራ ውሰደኒ
nə'aßmara wəßädäni!
nach-Asmara bring-mich
Bring mich nach Asmara. (m)

Übrigens sollte man über sein Fahrtziel immer etwas mehr als nur die Straße wissen. Zum Beispiel in der Nähe bekannter Gebäude, etwa eines Kinos oder einer Kirche, da Taxifahrer nicht immer die Straßennamen kennen.

Mit dem Bus

Nahverkehrsverbindungen mit Bussen gibt es in vielen größeren Städten.

ኦቶቡስ	**ətobuß**	Bus
ትኬት	**təket**	Fahrkarte
ዋጋ ትኬት	**waga təket**	Fahrpreis
መዕርፎ ኦቶቡስ	**mä°ərfo ətobuß**	zentraler Busbahnhof
ተሰቐል / ምስቃል	**täßäqhäl / məßqal**	einsteigen
ውረድ / ውረዲ	**wräd (m) /wrädi (w)**	aussteigen
ባሊጃ	**balidscha**	Koffer
ሻንጣ	**schant'a**	Tasche
ኮፍ መበሊ	**kof mäbäli**	Sitzplatz

መዕርፎ እቶቡስ ኣበይ እዩ፧

ma°ərfo ətobuß abäj əju?

Zentralbahnhof Bus wo er-ist

Wo ist der Busbahnhof?

እዛ እቶቡስ ንመቐለ ትኸይድ ድያ፧

əsa ətobuß nmäqhälä təchäjəd dja?

diese Bus nach-Mekele sie-geht (?)-sie-ist

Fährt dieser Bus nach Mekele?

መዓስ ኢያ ትኸይድ፧

mä°aß əja təchäjəd?

wann sie-ist sie-geht

Wann fährt er ab?

Dieses Kapitel zum Anhören: siehe Seite 176

መዓስ ኢያ መቐለ ትኣቱ፧

mä°aß əja mäqhälä tə'atu?

wann sie-ist Mekele ankommen-wird?

Wann kommt er in Mekele an?

ኣነ ሕጂ ክወርድ ደልየ

anä hədschi kwärəd däljä.

ich jetzt aussteigen ich-will

Ich möchte jetzt aussteigen.

ክንደይ እዩ ዋግኡ ንሓደ ሰብ ንመቐለ፧

kndäj əju wagə'u nhadä ßäb nmäqhälä?

wieviel er-ist sein-Preis für-einen Mensch(m) nach-Mekele

Was kostet die Fahrt für eine Person nach Mekele?

Toilette

ኣበይ ኣሎ ሽቓቕ፧
abäj allo schqhaqh?
Wo gibt es eine Toilette?

ሽቓቕ	**schqhaqh**	Toilette
ወረቐት ሽቓቕ	**wäräqhät schqhaqh**	Toilettenpapier

Übernachten

In den größeren Städten Eritreas und Äthiopiens gibt es ein gutes Angebot an Übernachtungsmöglichkeiten. Wenn man sich auf die Suche begibt, ist es nicht schwierig, günstige Hotels zu finden. Während es in den Städten hohe Standards gibt und fast alle Hotelzimmer sauber und gut sind, findet man auf dem Land häufig nur einfache Pensionen.

ይቕሬታ፡ ሕሱር ሆቴል ኣበይ ክርከብ ይኽእል፧
jəqhreta, hßur hotel abäj krəkäb jəchə'əl?
pardon billig Hotel wo zu-finden kann-ich
Verzeihung, wo gibt es hier ein billiges Hotel?

ኣሎኩምዶ ንጽል ወይ ዶብዮ ዓራት ክፍልታት፧
allokumdo nəzəl wäj dobjo °arat kflətat?
existiert-er-bei-euch-(?) einzelne oder doppelte Bett Zimmer?
Haben Sie Einzel- oder Doppelzimmer?

ክንደይ እዩ ዋግኡ እቲ ክፍሊ ምስ ቍርሲ፧
kndäj əju wagə'u əti kfli məß qurßi?
wieviel er-ist sein-Preis jenes Zimmer mit Frühstück
Was kostet das Zimmer mit Frühstück?

ንሕና ሓደ መዓልቲ / ክልተ መዓልቲ ክንጸንሕ ኢና
nhna hadä mä°alti / klətä mä°alti kənzänəh ina.
wir einen Tag / zwei Tage wir-bleiben wir-sind
Wir werden einen Tag / zwei Tage bleiben.

ንሕና ሰለስተ መዓልቲ / ሓደ ሰሙን ክንጸንሕ ኢና
nhna ßälästä mä°alti / hadä ßämun kənzänəh ina.
wir drei Tage / eine Woche wir-bleiben wir-sind
Wir werden drei Tage / eine Woche bleiben.

ነቲ ክፍሊዶ ክርእዮ ምኽኣልኩ፧
näti kflido kr'əjo məchä'alku?
jener Zimmer(m)-(?) sehen-ihn kann-ich
Kann ich das Zimmer ansehen?

እቲ ክፍሊ ጽሩይ ኣይኮነን
əti kfli zruj ajkonän.
jener Zimmer(m) sauber existiert-er-nicht
Das Zimmer ist nicht sauber.

ገዛ	**gäsa**	Haus
ክፍሊ	**kfli**	Zimmer
ቍጽሪ ክፍሊ	**quzri kfli**	Zimmernummer
መፍትሕ ክፍሊ	**mäftəh kfli**	Zimmerschlüssel
ነጻ	**näza**	leer, nicht besetzt
ምሉእ / መሊኡ	**ml'u/ mäli'u**	voll, besetzt

ዓራት	°arat	Bett
ፍርናሽ	fərnasch	Matratze
ኮቦርታ	koborta	(Bett-)Decke
መተርኣስ	mätär'aß	Kopfkissen
ኣየር ኮንዲሽን	ajär kondischən	Klimaanlage
ባኞ	baño	Badezimmer, Toilette
ኣርማድዮ ክዳን	armadjo kdan	Kleiderschrank
መረጼን	märäzen	Spiegel
ደርቢ	därbi	Stockwerk
ጸዓት	zä°at	Strom
ልቺ / መብራህቲ	lətschi / mäbrahti	Lampe
ዝሑል ማይ	səhul maj	Kaltwasser
ዉዑይ ማይ	wu°uj maj	Warmwasser
ቴንዳ	tenda	Zelt
ጽሩይ	zruj	sauber
ረሳሕ	räßah	schmutzig
ቦታ ምሓዝ	bota mhas	reservieren

Essen und Trinken

Eritreer und Äthiopier sind gastfreundlich. Wenn man eingeladen wird, soll man die angebotene Speise probieren. Ein entschiedenes „Nein danke“ zum Essen wird als unhöflich angesehen. Wenn man im Restaurant Speisen bestellt, sollte man dem Kellner mitteilen, wie scharf das Essen sein soll. Ansonsten wird in beiden Ländern nach europäischen Maßstäben sehr scharf gegessen. Zu beachten ist, dass Schweinefleisch sowohl bei den orthodoxen Christen als auch bei den Muslimen in beiden Ländern nicht gegessen wird. Reisendem ist es natürlich freigestellt, ob sie Schweinefleisch essen oder nicht.

Zum Thema Hygiene: Wer gesundheitliche Bedenken hat, sollte man auf nicht gekochte Speisen (wie z. B. Salate) verzichten. Ansonsten kann man die unterschiedlichen Gerichte der Länder getrost probieren. Eines davon ist das Nationalgericht **እንጀራ əndschära** (manchmal auch englisch als „injera" transkribiert) oder **ጣይታ t'ajta,** das sowohl in Eritrea als auch in Äthiopien gegessen wird. Was Reis in asiatischen Ländern ist, ist hier **əndschära.** Es schmeckt sauer, hat ein schwammartiges Aussehen und ist Grundlage für fast jedes Gericht. **əndschära** wird aus Taff (Zwerghirse) zubereitet. Man nimmt ein Stück Fladen in die Hand und führt damit die Soße in den Mund. Taff gilt als nahrhaft und gesund und ist glutenfrei.

əndschära wird auch als Oberbegriff für Brot verwendet (wie es im Vaterunser heißt „unser täglich Brot" im übertragenen Sinne für „genug zu essen"), **ጣይታ t'ajta** dagegen bezeichnet das konkrete Fladenbrot.

Eritreer und Äthiopier essen traditionell mit der rechten Hand. In der Regel werden unterschiedliche Soßen auf dem Brot verteilt, so dass man eine köstliche Auswahl hat. Der säuerliche Geschmack der Fladen und die Schärfe der Soßen passen hervorragend zusammen. Auf keinen Fall sollte man das verpassen!

Tee und Kaffee sind die am weitesten verbreiteten Warmgetränke in Eritrea und Äthiopien. Die Kaffeebohne stammt aus der äthiopischen Provinz Kaffa. Kaffee in Form von Espresso gehört zum Alltag fast jedes Äthiopiers und Eritreers. Die Kaffee-Zeremonie hat also eine lange Tradition in diesen Ländern.

Üppiges Frühstück ist in den Hotels selbstverständlich. Zwischen 12 Uhr und 14 Uhr sowie abends nach Sonnenuntergang werden die warmen Mahlzeiten eingenommen.

Die italienische Küche hat durch die Kolonialgeschichte in Eritrea und zum Teil auch in Äthiopien Fuß gefasst. Nudelgerichte und Pizza sind in beiden Ländern an der Tagesordnung und sehr zu empfehlen. Hier einige Sätze zum Bestellen von Essen oder Trinken:

ጠምየ
t'ämjä.
hungrig-bin-ich
Ich habe Hunger (m/w).

ጸሚኤ
zämi'e.
durstig-bin-ich
Ich habe Durst (m/w).

ክንሰቲ ደሊና ...
kənßäti dälina ...
zu-trinken wollen-wir ...
Wir möchten ... trinken.

Dieses Kapitel zum Anhören: siehe Seite 176

እንታይ ትሰቲ፧
əntaj tßäti?
was trinkst-du
Was trinkst du? (m)

እንታይ ትሰትዪ፧
əntaj tßätji?
was trinkst-du
Was trinkst du? (w)

እንታይ ትሰትዩ፧
əntaj tßätju?
was trinkt-ihr
Was trinkt ihr? (m)

እንታይ ትሰትያ፧
əntaj tßätja?
was trinkt-ihr
Was trinkt ihr? (w)

ኣነ ሻሂ ደልየ
anä schahi däljä.
ich Tee will-ich
Ich möchte einen Tee.

ኣነ ማይ ደልየ
anä maj däljä.
ich Wasser will-ich
Ich möchte Wasser.

ውዑይ መስተ	**wu°uj mäßtä**	warme Getränke
ሻሂ	**schahi**	Tee
ቡን	**bun** (wörtlich: „Kaffeebohne“)	Kaffee
ቡን ብጸባ	**bun bzäba**	Milchkaffee
ማክያቶ	**makjato**	Macchiato
ካፑቺኖ	**kaputschino**	Cappuccino
ውዑይ ጸባ	**wu°uj zäba**	heiße Milch

ዝሑል መስተ	**səhul mäßtä**	kalte Getränke
ጽማቝ ኣራንሺ	**zmʷaqh aranschi**	Orangensaft
ማይ	**maj**	Wasser
ጽሩይ ማይ	**zruj maj** (wörtlich: „reines Wasser“)	stilles Wasser
ማይ ጋዝ	**maj gas**	Mineralwasser (mit Kohlensäure)

ንሕና መግቢ ደሊና
nhna mägbi dälina.
wir Essen wollen-wir
Wir möchten etwas zu essen.

ሪስቶራንቲ ኣሎዶ፧
rißtoranti allo-do?
Restaurant existiert-er-(?)
Gibt es ein Restaurant?

መዓስ ኢኹም ትኽፍቱ
mä°as ichum təchäftu?
wann werdet-ihr öffnet-ihr
Wann öffnen Sie?

ሎሚ እንታይ ኣሎ፧
lomi əntaj allo?
heute was existiert-er
Was gibt es heute?

እንታይ ዓይነት መግብታት ኣሎኩም፧
əntaj °ajnät mägbtat allokum?
was Art Essen existiert-er-bei-euch
Welche Gerichte bieten Sie an?

መኑ ኣሎኩምዶ፧
mänu allokum do?
Menü habt-ihr (?)
Haben Sie eine Karte?

ክእዝዝዶ ምኽኣልኩ፧
k'əsəs-do mchä'alku?
befohlen-werden-(?) kann-ich
Kann ich etwas bestellen?

ኣሊጫ ደልየ
alitsch'a däljä.
Alitsch'a will-ich
Ich möchte Alitsch'a. *(Gemüsegericht)*

በጃኻ ብኬሪ ኣምጽኣለይ
bädschacha bkeri amza'aläj.
bitte(m) Glas bring-mir
Bitte bringen Sie mir ein Glas.

ባኒ	**bani**	Brötchen (ital. *pane*)
ቅጫ	**qətscha**	Fladenbrot
ጣይታ / እንጀራ	**t'ajta / əndschära**	saures Fladenbrot (auch: „Essen“)

ብጣዕሚ ጥዑም
bt'a°əmi t'°um.
durch-Geschmack schmackhaft
Es schmeckt hervorragend.

Vegetarische Gerichte

Das Kichererbsengericht **ጸብሒ ሽሮ zäbhi schəro** ist das meistgegessene Gericht Eritreas und Äthiopiens. Es ist „Fast Food“ und „Fasting Food“ zugleich, und es ist unter den vielen vegetarischen Gerichten das Beliebteste. Weitere vegetarische Speisen sind:

ጸብሒ ብርስን	**zäbhi bərßən**	rotes Linsengericht
ኣሊጫ / ኣልጫ	**alitsch'a / alətsch'a**	Curry mit Karotten, Kohl und Kartoffeln
ስልሲ	**ßəlßi**	Tomatensoße
መግቢታት ጾም	**mägbtat zom**	Fastengerichte

Zur Fastenzeit wird oft eine vegetarische Platte mit einer Kombination aus den oben aufgezählten Gerichten angeboten. Neben einheimischen Gerichten liegen auf einer solchen vegetarischen Platte manchmal auch Pasta, Reis, Tomaten-Zwiebel-Salat, Kartoffeln oder Bananenstücke.

Fleischgerichte

Eritreer und Äthiopier essen kein Schweinefleisch. Aber jeder, der es sich leisten kann, isst Huhn, Ziege, Rind oder Fisch. Typische Fleischgerichte sind:

ደርሆ	**därho** (wörtlich: „das Huhn“)	scharfes dickes Curry mit Ei und Hühnerschenkeln
ዝግኒ	**sgni**	scharfes dickes Curry mit Fleischstücken
ጸዕዳ ቅልዋ	**za°əda qlwa**	gebratenes Fleisch ohne Chili-Pulver, aber mit Peperonischoten
ቀይሕ ቅልዋ	**qäjih qlwa**	gebratenes Fleisch mit Chili-Pulver
በብዓይነቱ	**bäb°ajnätu**	gemischte Platte mit einer Kombination aus den aufgezählten Gerichten
ስጋ ደርሆ	**ßga därho**	Hühnerfleisch
ስጋ ከብቲ	**ßga käbti**	Rindfleisch
ስጋ በጊዕ	**ßga bägi°ə**	Hammelfleisch
ዓሳ	**°aßa**	Fisch
ጠስሚ	**t'äßmi**	Butter
መዓር	**mä°ar**	Honig
ማልመላታ	**malmälata**	Marmelade
ጂብና	**dschəbna**	Käse
እንቋቑሖ	**ənq^{w}aqh^{w}əho**	Ei
ጸባ	**zäba**	Milch
ብኬሪ	**bkeri**	Glas
ጣሳ	**t'aßa**	Tasse
ብያቲ	**bjati**	Teller
ካራ፣ ካራታት	**kara, karatat**	Messer
ማንካ	**manka**	Löffel
ፋርኬታ	**farketa**	Gabel

Alkohol

Alkohol wird in den nicht-islamischen Teilen Eritreas und Äthiopiens ähnlich viel wie in Europa konsumiert. Es gibt das Nationalgetränk **ሰዋ ßəwa** (Gerstenbier), das weniger Alkoholgehalt als Bier hat. Außerdem gibt es das **ሜስ məjeß**-Getränk (Met), Honigwein. Einige alkoholische Getränke sind zu erwähnen:

ሜስ	**məjeß**	Honigwein
ሰዋ	**ßəwa**	Nationalgetränk aus Gerste
ቪኖ	**vino**	Wein
ቢራ	**bira**	Bier
ኣረቂ	**aräqi**	Anisschnaps

Wenn man in Gesellschaft Alkohol trinkt und es kommen Männer und Frauen zusammen, sagt man:

ንጥዕና ይግበሮ
nt'ə°əna jəgbäro
für-Gesundheit möge-er-sein
Zum Wohl!

ሽፋ ይግበረልካ
schəfa jəgbärälka
Gesundheit möge-er-dir-geben
Zum Wohl! (an einen Mann)

ሽፋ ይግበረልኪ
schəfa jəgbärälki
Gesundheit möge-er-dir-geben
Zum Wohl! (an eine Frau)

Kaufen und Handeln

Auf den Märkten gibt es Obst, Gemüse und allerlei Dinge des täglichen Bedarfs. Die Ware wird in Kilogramm gewogen. Hier die wichtigsten Sätze und Wörter fürs Einkaufen, damit Sie finden, was Sie suchen.

ኣሎዶ ... ፧
allo-do ... ?
Gibt es ...?

ኣበይ ኣሎ ... ፧
abäj allo...?
Wo gibt es ...?

ድኳን	**dq^{w}an**	Laden
ዕዳጋ	**°ədaga**	Markt

ሰብ ኣበይ እዩ ... ዝገዝእ፧
ßäb abäj əju ... səgäsə'ə?
Mensch wo er-ist ... der-er-kauft
Wo kann man ... kaufen?

ፍረ ተኽሊ	**frä tächli**	Obst, Früchte
ሓምሊ፣ ኣሕምልቲ	**h̲amli, ah̲mlti**	Gemüse
ዓሳ፣ ዓሳታት	**°aßa, °aßatat**	Fisch
ስጋ፣ ስጋታት	**ßga, ßgatat**	Fleisch
ክዳን፣ ክዳውንቲ	**kdan, kda^{w}ənti**	Kleidung

Denken Sie auch beim Einkaufen daran, dass man nicht „mit der Tür ins Haus fällt", sondern zumindest sein Gegenüber erst einmal begrüßt. Immer gut geeignet ist dazu die Frage nach dem Befinden, **siehe auch Kapitel „Begrüßen und Verabschieden" ab Seite 100.**

ክንደይ እዩ ዋግኡ... ፧
kndäj əju wagə'u ... ?
wieviel er-ist sein-Preis
Wie viel kostet ...?

ክንደይ እዩ ዋግኡ እዚ፧
kndäj əju wagə'u əsi?
wieviel er-ist sein-Preis dieser
Wie viel kostet das?

እንታይ እዩ፧
əntaj əju?
Was ist das?

ኣነ ክወስዶ እየ
anä kwäßdo əjä.
Ich nehme das.

ፍረ ተኽሊ	**frä tächli**	Früchte
ኣናናስ	**ananaß**	Ananas
ኣራንሺ	**aranschi**	Apfelsine
በናና	**bänana**	Banane
ኩኽ	**kuch**	Pfirsich
ሓምሊ	**hamli**	Gemüse
ኮሚደረ	**komidärä**	Tomaten
ሽጉርቲ	**schgʷərti**	Zwiebeln
ሽጉርቲ ጻዕዳ	**schgʷərti za°əda**	Knoblauch
ሰላጣ	**ßälat'a**	Salat
ድንሽ	**dnəsch**	Kartoffel
ኣውሊዕ	**awli°ə**	Olive
በርበረ	**bärbärä**	Pfeffer
ሓሪጭ	**harətsch'ə**	Mehl
ጸባ	**zäba**	Milch
ጅብና	**dschbna**	Käse
ዘይቲ	**säjti**	Öl (Speise-)
ሩዝ	**rus**	Reis
ሻሂ	**schahi**	Tee
ዓሳ፣ ዓሳታት	**°aßa, °aßatat**	Fisch
ስጋ፣ ስጋታት	**ßga, ßgatat**	Fleisch

ክዳን፣ ክዳዉንቲ	**kdan, kda^{w}ənti**	Kleidung
ኣሳእን	**aßa'ən**	Schuhe (Pl)
ካምቻ፣ ካምቻታት	**kamətscha, kamətschatat**	Hemd
ስረ፣ ስረታት	**ßrä, ßrätat**	Hose
ቆብዕ	**qobu°ə**	Hut
ባተሪ	**batäri**	Batterie
ክርቢት	**krbit**	Streichhölzer
ሳምና	**ßamna**	Seife
መጽረይ ስኒ	**mäzräj ßni**	Zahnbürste
ኪሎ	**kilo**	Kilo
ዝርዝር ገንዘብ	**sərsər gänzäb**	Kleingeld
ዋጋ	**waga**	Preis
ዓይነት	**°ajnät**	Qualität
ቅብሊት	**qbəlit**	Quittung
ከረጺት	**käräzit**	Tüte

Fotografieren

Es gehört zum guten Ton, Menschen zu fragen, ehe man sie fotografiert. Fragen Sie freundlich nach und respektieren Sie es, wenn jemand dies nicht möchte. Das Fotografieren militärischer Objekte und Personen ist strengstens verboten!

ኣብዚ ክስእልዶ እኽእል እየ፧
Absi kəßə-əl-do əchə-əl əjä?
hier fotografiere-ich-(?) können bin-ich
Darf ich hier fotografieren?

ክሰእሎኩምዶ እኽእል እየ፧
kəßə’əllokumdo əchä-əl əjä?
Foto-zeichnen-von-euch-(?) können ich-bin
Darf ich euch fotografieren?

ሰእሊ ክልእከልካ/ክልእከልኪ እየ።
ß’əli klə’əkälka / klə’əkälki əjä.
Foto schicken-dir(m/w) ich-bin
Ich schicke dir ein Bild.

ቍጽሪ ሞባይልካ/ሞባይልኪ ክንደይ እዩ፧
q^{w}əzri mobajəlka / mobajəlki kndäj əju?
Nummer Handy-dein(m/w) wieviel er-ist
Wie ist deine Handynummer?

Kommunikation

Die Stromversorgung ist nicht überall stabil, mit Stromausfällen ist zu rechnen.

ዋይፋይ ኣሎዶ፧
wajfaj allodo?
WiFi existiert-er-(?)
Gibt es hier WLAN?

ከመይ እዩ እቲ ፓስዎርድ፧
kämäj əju əti paßword?
wie er-ist jener Passwort
Wie ist das Passwort?

ኣብዚ ክሓትም እኽእል ድየ፧
absi kəhatəm əchə-əl djä?
hier drucken können (?)-ich-bin
Kann ich hier etwas ausdrucken?

ሲም ካርድ ኣሎኩምዶ፧
ßim kard allokumdo?
Sim Karte existiert-er-bei-euch-(?)
Habt ihr eine Sim-Karte?

ኣብዚ ፕሪፐይድ ካርድ ክዕድግ እኽእል ድየ፧
absi pripäjəd kard k'ədəg əchə-əl djä?
hier Prepaid Karte kaufen können (?)-ich-bin
Kann ich hier eine Prepaidkarte kaufen?

Post, Bank, Behörden

Bargeld gibt es nur in Wechselstuben. Geldautomaten gibt es nicht, Kreditkarten werden in der Regel vor Ort nicht akzeptiert.

Der **ናቕፋ Naqhfa** ist die Währung von Eritrea und **ብር Birr** die Währung von Äthiopien. Beide Währungen sind in 100 Cent, genannt **ሳንቲም Cantim** eingeteilt.

ቴንብር	**tenbr**	Briefmarke
ስታሪት	**ßätarit**	Briefumschlag
ሳጹን ጶስጣ	**ßazun p'oßt'a**	Briefkasten
ኤምባሲ	**embaßi**	Botschaft (dipl.)
ኣስተርጓማይ፣ ኣስተርጐምቲ	**aßtärgʷamaj, aßtärgʷomti**	Dolmetscher (Sg./Pl.)
ፖሊስ	**poliß**	Polizei

Krank sein

ኣነ ጽቡቕ እሰምዓኒ የሎን
anä zbuqh əßmə°ani jällon.
Ich fühle mich nicht gut.

ሓሚመ ኣሎኹ
hamimä allochu.
Ich bin krank.

ኣበይ ኣሎ ሓኪም፧
abäj allo hakim?
wo existiert-er Arzt
Wo gibt es einen Arzt?

mögliche Antwort

እወ ኣሎ ኣብ ...
əwä allo ab ...
ja existiert-er in ...
Ja, es gibt einen in ...

ርእሲ	r'əßi	Kopf
ከብዲ	käbdi	Bauch
እግሪ፣ ኣእጋር	əgri, a'əgar	Bein / Fuß (Sg. / Pl.)
ኣካል፣ ኣካላት	akkal, akkalat	Körper
ሕሙም	hmum	krank
ሕማም	hmam	Krankheit
ረስኒ	räßni	Fieber
ቃንዛ ርእሲ	qansa r'əßi	Kopfschmerzen
ኢንፍሉወንሳ	ənfluwänßa	Grippe
ኤይድስ	ejdəß	Aids
ውጽኣት	wəzə'at	Durchfall
ሓኪም፣ ሓካይም	hakim, hachajim	Arzt
ሓኪም ስኒ	hakim ßni	Zahnarzt

ሕክምና / ኣሰቢዳለ	həkməna / aßbidalä	Krankenhaus
ፋርማቻ	farmatscha	Apotheke
መድሓኒት	mädhanit	Medikament
ኣስፕሪን	aßpərin	Aspirin
ኣንቲብዮቲክ	antibjotik	Antibiotikum
መርፍእ ሕክምና	märf'ə həkməna	Spritze
ከኒና	känina	Tablette
ክታበት ኣንጻር	ktabät anzar	impfen gegen

Dringende Hilferufe

ሓገዝ እድልየኒ ኣሎ
hagäs ädləjäni allo!
Hilfe ich-brauche-für-mich existiert-er
Ich brauche Hilfe!

ክትሕግዘኒዶ ምኽኣልካ፧
kthgsenido mchä'alka?
dass-helfen-mir-(?) du-kannst
Kannst du mir helfen? (m)

ክትሕግዘኒዶ ምኽኣልኪ፧
kthgsenido mchä'alki?
dass-helfen-mir-(?) du-kannst
Kannst du mir helfen? (w)

ከቢድኒ ኣሎ
käbidəni allo.
schwer-mir existiert-er
Ich fühle mich nicht wohl.

ኣብዚ ሓደጋ ኣሎ
absi hadäga allo.
hier Unfall existiert-er
Es ist ein Unfall passiert.

ፖሊስ ጸውዓለይ
poliß zäwə°aläj!
Polizei rufe-mir
Ruf die Polizei! (m)

እንዳ ፖሊስ ኣበይ እዩ፧
ənda poliß abäj əju?
Station Polizei wo er-ist
Wo ist das Polizeirevier?

ማይ ኣምጽኣለይ

maj amzə-aläj.

Wasser bring-mir

Bring mir Wasser. (m)

ሕክምና ክኸይድ ደልየ

h̲əkməna kəchäjəd däljä.

Krankenhaus gehen will-ich

Ich will zum Krankenhaus.

ፓስፖርተይ ጠፊእኒ ኣሎ

paßportäj t'äfiəni allo.

Pass-meiner abhanden-mir existiert-er

Mein Pass ist abhanden gekommen.

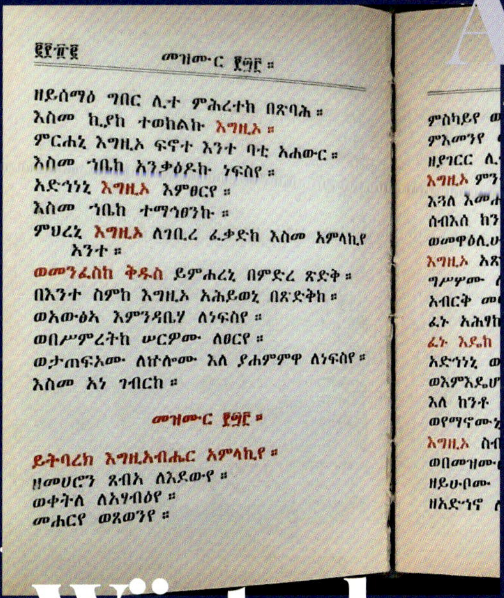

Wörterbuch

Wörterbuch

In der folgenden Vokabelliste sind etwa 1000 Wörter aufgeführt, die als Grundwortschatz wohl ausreichen dürften.

Verben werden immer sowohl in der **Nennform der Vergangenheit** („er") als auch im **Infinitiv (der Grundform)** angegeben.

Nomen und Adjektive sind, wenn es sinnvoll ist, **im Singular und im Plural** angegeben. Der Zusatz *(+Poss)* zeigt an, dass das Wort mit dem entsprechenden Possessivsuffix gebildet wird **(siehe auch Seite 39).**

Grundsätzlich ist noch zu sagen, dass Umlaute beim entsprechenden Vokal einsortiert sind. Der Buchstabe alef (') wird nicht berücksichtigt, und es zählt der darauffolgende Buchstabe. Dies gilt auch für h / h.

Deutsch – Tigrinya

A

abbiegen tät'äwäjä, mt'waj ተጠወየ፣ ምጥዋይ
Abend mschät ምሸት
Abendessen drar ድራር
aber gən ግን
abfahren näqhälä, mənqal ነቐለ፣ ምንቃል
abreisen gäjäschä, mgjasch ገየሸ፣ ምግያሸ
Abteilung kfli, kfltat ክፍሊ፣ ክፍልታት
Abkürzung bhazir ብሓጺር
abwärts ntahti ንታሕቲ
Aids ejdəß ኤይድስ
Alkohol alkol ኣልኮል
Adresse adrascha, adraschatat ኣድራሻ፣ ኣድራሻታት
allein bäjnu በይኑ *(+Poss)*
alles kʷəlu ኩሉ
als (zeitl.) məß ምስ
als (Vergleich) kab ካብ
alt (Personen) schmaglä, schmaglätat ሽማግለ፣ ሽማግለታት
alt (Dinge) arägit, arägäwti ኣረጊት፣ ኣረገውቲ
Alter °ədmä, °ədmätat ዕድመ፣ ዕድመታት
Ananas ananaß ኣናናስ
Andenken səchri ዝኽሪ
andere kalə'ə ካልእ
anfangen dschämärä, mədschəmar ጀመረ፣ ምጅማር
Angelegenheit gudaj ጉዳይ
Angestellter ßärahtäña ሰራሕተኛ
Angst fərhi ፍርሒ
Angst haben färhe, mfrah ፈርሐ፣ ምፍራሕ

anhalten t'ät'äw mbal
ጠጠው ምባል
ankommen bäzhe, mbzah
በጽሔ፣ ምብጻሕ
Ankunft m'ətaw ምእታው
anschauen rä'ajä, mər'aj
ረኣየ፣ ምርኣይ
Antibiotikum antibjotik
ኣንቲብዮቲክ
Antwort mälßi መልሲ
antworten mäläßä, məməlaß
መለሰ፣ ምምላስ
anziehen, sich läbäßä, məlbaß
ለበሰ፣ ምልባስ
Apfelsine aranschi ኣራንሺ
Apotheke farmatscha ፋርማቻ
arabisch °aräbawi ዓረባዊ
Arbeit ßrah ስራሕ
arbeiten ßärhä, mßrah
ሰርሐ፣ ምስራሕ
Arbeiter ßärahtäña ሰራሕተኛ
arm dcha ድኻ
Armreif ambar id ኣምባር ኢድ
Art °ajnät ዓይነት
Arzt hakim, hachajim
ሓኪም፣ ሓኻይም
Aschenbecher mät'fə'ə schgara
መጥፍኢ ሽጋራ
Aspirin aßpərin ኣስፕሪን
Äthiopien itjop'ja ኢትዮጵያ
auch əwn እውን
auf ab lə°əli ኣብ ልዕሊ
aufpassen tät'änqäqhä,
mət'ənqaqh
ተጠንቀቐ፣ ምጥንቃቕ
Aufenthalt məznah ምጽናሕ
aufhören mquraz ምቁራጽ
aufstehen tänßə'e, mtənßa'ə
ተንሰኤ፣ ምትንሳእ
Auge °ajni, jä°inti ዓይኒ፣ የዒንቲ
aus kab ካብ
außen wäza'i ወጻኢ
außer bädschäka በጀካ
Ausfuhr ßädäd ሰደድ
Ausgang mäwzə'i መውጽኢ
ausgezeichnet bluz ብሉጽ
Auskunft habäreta ሓበሬታ
Ausland wäza'i hagär ወጻኢ ሃገር
Ausländer wäza'ətäña,
wäza'ətäñatat
ወጻእተኛ፣ ወጻእተኛታት
Ausreise məwza'ə ምውጻእ
ausruhen, sich m°əraf ምዕራፍ
Aussprache adämamza ኣደማምጻ
aussteigen wärädä, məwrad
ወረደ፣ ምውራድ
Ausstellung mər'it ምርኢት
Ausweis taßera ታሴራ
Auto mäkkina መኪና
Autowerkstatt garadsch ጋራጅ

B

baden hanbäßä, mhənbaß
ሓንበሰ፣ ምሕንባስ
Badezimmer baño ባኞ
Bahnhof mä°ərfo baburat መዕርፎ ባቡራት
bald ab qäräba əwan
ኣብ ቀረባ እዋን
Banane bänana በናና
Bank banki ባንኪ
Bargeld tə'rä gänsäb ጥረ ገንዘብ
Bart tsch'hmi ጭሕሚ
Batterie batäri ባተሪ
Bauch käbdi ከብዲ
bauen hanäzä, məhnaz
ሃነጸ፣ ምህናጽ
Bauer haräßtaj ሓረስታይ

Baum gäräb ገረብ
Bedeutung tərgum ትርጉም
beeilen, sich qält'äfä, mqhəlt'af ቀልጠፈ፣ ምቕልጣፍ
beenden wädə'ä, məwda'ə ወድአ፣ ምውዳእ
befehlen asäsä, m'əsas ኣዘዘ፣ ምእዛዝ
beginnen dschämärä, mdschəmar ጀመረ፣ ምጅማር
begrüßen, jmd. ßälam bälä, ßälam mbal ሰላም በለ፣ ሰላም ምባል
Behörde məhdära ምሕደራ
bei bə- ብ-
Bein əgri, a'əgar እግሪ፣ ኣእጋር
Beispiel, zum n'abnät ንኣብነት
bekanntmachen, sich näbßəcha mləlaj ነብሰኻ ምልላይ
benachrichtigen habbärä, mhəbbar ሓበረ፣ ምሕባር
benutzen mt'əqam ምጥቃም
Benzin bänsin በንዚን
beraten (jmd.) mächärä, məmkar መኸረ፣ ምምካር
bereit qrub məchʷan ቅሩብ ምኳን
bereitet sein täqhäräbä, məqhərab ተቐረበ፣ ምቕራብ
Berg gobo ጎቦ
Beruf moja ሞያ
berühmt wruj ውሩይ
beschweren, sich aßämə°e, mßəma°ə ኣሰምዔ፣ ምስማዕ
Beschwerde ßm°əta ሰምዕታ
besichtigen rä'ajä, mr'aj ረኣየ፣ ምርኣይ
Besichtigung mər'it ምርኢት
Besitzer wanna ዋና
besser jhajəsch ይሓይሽ
bestellen t'äläbä, mət'lab ጠለበ፣ ምጥላብ
bestrafen qäz°ä, məqhza°ə ቀጽዐ፣ ምቕጻዕ
Besuch mbzah ምብጻሕ
besuchen mbzah ምብጻሕ
beten zäläjä, mzəlaj ጸለየ ምጽላይ
betrunken ßächärä, mßkar ሰኸረ፣ ምስካር
Bett °arat, °arawti ዓራት፣ ዓራውቲ
Bettdecke kobärta °arat ኮበርታ ዓራት
Bettwäsche anßola ኣንሶላ
Bettzeug mänzäf °arat መንጸፍ ዓራት
bevor qdmi ቅድሚ
bezahlen käfälä, məchfal ከፈለ፣ ምኽፋል
Bier bira ቢራ
Bild ß'əli, ß'əlitat ስእሊ፣ ስእሊታት
billig hßur ሕሱር
bis kßab ክሳብ
bisschen (ein) hidät ሒደት
Bitte bädschacha, bädschachi በጃኻ፣ በጃኺ
bitten hatätä, mhtat ሓተተ፣ ምሕታት
Blatt näzäla wäräqhät ነጸላ ወረቐት
bleiben zänhä, mznah ጸንሐ፣ ምጽናሕ
Blume °ənbaba, °ənbabatat ዕንባባ፣ ዕንባባታት
Blut däm ደም
Boot dschalba, dschalbatat ጀልባ፣ ጀልባታት
Botschaft (dipl.) embaßi ኤምባሲ
Brand bar°ə ባርዕ
Brauch lmdi ልምዲ

brauchen dälädä, mdlaj ደለየ፣ ምድላይ
Braut mär°at መርዓት
Bräutigam mär°awi መርዓዊ
brechen ßäbärä, mßbar ሰበረ፣ ምስባር
breit gäfih ገፊሕ
Bremse freno ፍሬኖ
brennen nädädä, məndad ነደደ፣ ምንዳድ
Brief däbdabä ደብዳበ
Briefkasten ßazun p'oßt'a ሳጹን ጶስጣ
Briefmarke tenbr ቴንብር
Briefumschlag ßätarit ሰታሪት
Brille mänäzär መነጸር
bringen amzä'e, məmza'ə ኣምጸኤ፣ ምምጻእ
Brot (Fladenbrot) əndschera እንጌራ
Brücke dəndəl ድንድል
Bruder haw, ahwat ሓው፣ ኣሕዋት
Brunnen °ila ዒላ
Brust(korb) af ləbbi ኣፍ ልቢ
Buch mäzhaf, mäzahfti መጽሓፍ፣ መጻሕፍቲ
Buchstabe fidäl, fidälat ፊደል፣ ፊደላት
bunt hbrawi ሕብራዊ
Burg gbi ግቢ
Büro bet zhfät ቤት ጽሕፈት
Bus autobuß, autobußat ኣውቶቡስ፣ ኣውቶቡሳት

C

Café bet bun ቤት ቡን
Cent ßantim ሳንቲም
Chauffeur schufär ሹፈር
Chef halafi ሓላፊ
Christ/-in krßtjan ክርስትያን
christlich krßtjanawi ክርስትያናዊ
Club kläb ክለብ
Creme kräm ክረም

D

da absi ኣብዚ
dahinter ab dhri ኣብ ድሕሪ
damit mätan መታን
danach dhri ድሓር
danke jäqhänjäläj የቐንየለይ
danken amäßgänä, məməßgan ኣመስገነ፣ ምምስጋን
dann dhri ድሓር
darum b'ə'u mchnjat ብእኡ ምኽንያት
dass bə ብ
das heißt əsi malät እዚ ማለት
Datum °əlät ዕለት
Dauer mznah ምጽናሕ
dauern zänhä, məznah ጸንሐ፣ ምጽናሕ
denken haßäbä, mhßab ሓሰበ፣ ምሕሳብ
deshalb ßläsi ስለዚ
deutsch dschärmänawi, dschärmänawit ጀርመናዊ፣ ጀርመናዊት
Deutsche(r) dschärmän ጀርመን
Deutschland hagärä dschärmän ሃገረ ጀርመን
Dialekt lahədscha ላህጃ
dick rägʷid ረጕድ
Dieb ßäraqhi ሰራቒ
dies əsi እዚ
Diebstahl ßrqi ስርቂ
Ding hadä nägär ሓደ ነገር

Direktor dajräktär ዳይረክተር
Diskothek dißko ዲስኮ
Djibouti dschbuti ጅቡቲ
Dolmetscher aßtärgwamaj, aßtärgwomti ኣስተርጓማይ፣ ኣስተጐምቲ
Dorf (Ortschaft) °adi, °aditat ዓዲ፣ ዓድታት
dort ab'u ኣብኡ
dorthin nab'u ናብኡ
drehen tät'äwäjä, mt'waj ተጠወየ፣ ምጥዋይ
dringend, es ist bhəzuz ብህጹጽ
du nßcha (m), nßchi (w) ንስኻ፣ ንስኺ
dumm dänqoro ደንቆሮ
Dunkelheit zälmat ጸልማት
durch bə ብ-
Durchfall wəzə'at ውጽኣት
Durst zəm'i ጽምኢ
durstig zəmu'ə ጽሙእ
Dusche schawär ሻወር

E

echt haqi ሓቂ
egal bsäjägädß ብዘየገድስ
Ehe hadar ሓዳር
Ehefrau bä°alti bet በዓልቲ ቤት
Ehemann bä°al bet ብዓል ቤት
ehrwürdig kbur ክቡር
Ei ənq^{w}aqh^{w}əho እንቋቑሖ
Eigentum nbrät ንብረት
eilig bəqhəlt'uf ብቕልጡፍ
eine hanti ሓንቲ
einer hadä ሓደ
einfach qälil ቀሊል
Eingang afdägä ኣፍደገ
einige gälä gälä ገለ ገለ
einkaufen °adägä ዓደገ
einladen, jmd. °adämä, m°ədam ዓደመ፣ ምዕዳም
Einladung °ədmä ዕድመ
einmal hanßab ሓንሳብ
einsteigen täßäqhlä, mßqhal ተሰቕለ፣ ምስቃል
eintreten atäwä, m'ətaw ኣተወ፣ ምእታው
einverstanden! hraj ሕራይ!
Einwohner täqhämat'aj, täqhämat'o ተቐማጣይ፣ ተቐማጦ
Eis (Speise-) ajßkräm ኣይስክረም
Eisen hazin ሓጺን
Eisenbahn babur mdri ባቡር ምድሪ
Elefant harmas ሓርማዝ
Eltern wälädi ወለዲ
empfangen täqhäbälä, mqhəbal ተቐበለ፣ ምቕባል
empfehlen mchri habä, mchri mhab ምኽሪ ሃበ፣ ምኽሪ ምሃብ
Ende mätsch'äräschta መጨረሽታ
eng zäbib ጸቢብ
Engländer ənglisawi, ənglisawit እንግሊዛዊ፣ እንግሊዛዊት
englisch ənglis እንግሊዝ
entfernt rhuqh ርሑቕ
Entschuldigung! jəqhreta! ይቕሬታ
er nßu ንሱ
Erde märet መሬት
Erfolg °awät, °awätat ዓወት፣ ዓወታት
erfordern wäßädä, məwßad ወሰደ፣ ምውሳድ
erhalten täqhäbälä, məqhəbal ተቐበለ፣ ምቕባል
erholen, sich a°əräfä, m°əraf ኣዕረፈ፣ ምዕራፍ

mi'ətin ßäläßan schomontän

Eritrea ertəra ኤርትራ
ermüden dächämä, mdkam ደኸመ፣ ምድካም
erinnern, sich säkärä, msəkar ዘከረ፣ ምዝካር
Erinnerung səchri ዝኽሪ
erklären qäläzä, məglaz ገለጸ፣ ምግላጽ
erlauben afqädä, mfqad ኣፍቀደ፣ ምፍቃድ
erneuern ahədäßä, mhədaß ኣሕደሰ፣ ምሕዳስ
erreichen bäzhe, məbzah በጽሔ፣ ምብጻሕ
erscheinen mäßälä, məmßal መሰለ፣ ምምሳል
erzählen asäntäwä, məsəntaw ኣዘንተወ፣ ምዝንታው
Esel adgi, a'ədug ኣድጊ፣ ኣእዱግ
essen bäl°ä, məbla°ə በልዐ፣ ምብላዕ
Essen bəl°i ብልዒ
Esstisch mä'adi መኣዲ
Etage därbi, därbtat ደርቢ፣ ደርብታት
etwa aßtat ኣስታት
etwas gälä ገለ
etwas (wenig) qʷərub ቁሩብ
Experte bä°al moja በዓል ሞያ

F

Fabrik fabrika ፋብሪካ
Faden fätli ፈትሊ
fahren bmäkkina käjdu, bmäkkina mchad ብመኪና ከይዱ፣ ብመኪና ምኻድ
Fahrt gʷə°so ጉዕዞ
Fahrkarte tket ትኬት
Fahrpreis waga tket ዋጋ ትኬት
falsch gega ጌጋ
Familie ßdra bet ስድራ ቤት
fangen hasä, mhas ሓዘ፣ ምሓዝ
Farbe hbri ሕብሪ
Farm hrscha ሕርሻ
fast darga ዳርጋ
faul (träge) hkuj ህኩይ
fehlen bochora, mbkʷar ቦኾረ፣ ምብኳር
Fehler gega, gegatat ጌጋ፣ ጌጋታት
Feier bä°al, bä°alat በዓል፣ በዓላት
feiern gʷajla gäbärä, gʷajla mgbar ጓይላ ገበረ፣ ጓይላ ምግባር
Feind zäla'i ጸላኢ
Fell qorbät ቆርበት
Feld (Acker) grat, grawəti ግራት፣ ግራውቲ
Fenster mäßkot, mäßachʷəti መስኮት፣ መሳኹቲ
Ferien °əräfti ዕረፍቲ
fern rhuqh ርሑቕ
Fernsehgerät tälävision ተለቪዥን
fertig sein täwäd'ä, mwda'ə ተወድአ፣ ምውዳእ
Fest (religiös) b°al ብዓል
Feuer hawi ሓዊ
Fieber räßni ረስኒ
Fiedel tsch'ra wat'a ጭራ ዋጣ
Film film, aflam ፊልም፣ ኣፍላም
finden rächäbä, mrkab ረኸበ፣ ምርካብ
Fingerring qäläbet ቀለቤት
Firma kubanja ኩባንያ
Fisch °aßa, °aßatat ዓሳ፣ ዓሳታት
Fischer gäfaf °aßa ገፋፍ ዓሳ
Fladenbrot əndschära እንጀራ
Flasche t'rmuß, t'äramuß ጥርሙስ፣ ጠራሙስ
Fleisch ßga, ßgatat ስጋ፣ ስጋታት

fliegen bäriru, mbrar በሪሩ፣ ምብራር
Flughafen mä°arfo näfärti መዓርፎ ነፈርቲ
Flugticket tket näfarit ትኬት ነፋሪት
Flugzeug näfarit ነፋሪት
Fluss wəhədsch, wəhajəs ውሕጅ፣ ውሓይዝ
folgen ßä°abä, miß°ab ሰዓበ፣ ምስዓብ
Formular form ፎርም
Foto ß'əli ስእሊ
fotografieren ßä'alä, mß'al ስኣለ፣ ምስኣል
Frage hto, htotat ሕቶ፣ ሕቶታት
fragen hatätä, mhtat ሓተተ፣ ምሕታት
Frau ßäbäjti, anßti ሰበይቲ፣ ኣንስቲ
frei näza ነጻ
frei (Zimmer) näza kfli ነጻ ክፍሊ
Freiheit harənät ሓርነት
fremd g^wana ጓና
freuen, sich tähagoßä, mhəg^waß ተሓጎሰ፣ ምሕጓስ
Freund °arki ዓርኪ a: mähasa መሓዛ
Frieden ßälam ሰላም
Friseur qämqami ቀምቃሚ
fröhlich hguß ሕጉስ
Frosch °inqur°ob ዕንቁርዖብ
Früchte frä tächli ፍረ ተኽሊ
früh ngho ንግሆ
Frühling zdja, ajät ጽድያ ፣ ኣየት
Frühstück q^wərßi ቁርሲ
fühlen, sich täßßəm°o, mßßma°ə ተሰምዖ፣ ምስማዕ
Führer märahi መራሒ
Führerschein fqhad mäsäwäri mäkkina ፍቓድ መዘወሪ መኪና
füllen mäl'e, məmla'ə መልኤ፣ ምምላእ
für nə - ን-
fürchten, sich (vor) färhe kab, mfrah kab ፈርሐ ካብ...፣ ምፍራሕ ካብ...
Fuß igri, a'əgar እግሪ፣ ኣእጋር

G

Gabel mäß'ä መስአ /ፋርኬታ
ganz mlu'ə ምሉእ
Garten dschärdin, dschäradin ጀርዲን፣ ጀራዲን
Gas gas ጋዝ
Gast gascha, agajisch ጋሻ፣ ኣጋይሽ
Gastfreundschaft fätaw gascha ፈታው ጋሻ
Gastgeber täqhäbal gascha ተቐባል ጋሻ
Gaststätte bet mägbi, bet mägbitat ቤት መግቢ፣ ቤት መግቢታት
Gebäck bschkoti ብሽኮቲ
Gebäude hnza, hnzatat ህንጻ፣ ህንጻታት
geben habä, mhab ሃበ፣ ምሃብ
Gebirge gobo, gobotat ጎቦ፣ ጎቦታት
Gebühr qäräz ቀረጽ
Geburtstag b°al twlədi ብዓል ትውልዲ
Gedanke haßab ሓሳብ
geduldig sein tä°agäßä, m°əgaß ተዓገሰ፣ ምዕጋስ
Gefahr hadäga, hadägatat ሓደጋ፣ ሓደጋታት
gefährlich hadägäña ሓደገኛ
Gefängnis bet ma'əßärti ቤት ማእሰርቲ

Gefühl ßmi°it ስሚዒት
gegen anzar ኣንጻር
Gegend akäbabi ኣከባቢ
gegenüber mänzr መንጽር
gehen kädä, mchad ከደ፣ ምኻድ
Geld ßäldi ሰልዲ
Gemüse hamli, ahmlti ሓምሊ፣ ኣሕምልቲ
genau lk°ə ልክዕ
genug! j'akl ይኣክል!
Gepäck ßant'a, ßanät'u ሳንጣ፣ ሳነጡ
geradeaus təch ilka ትኽ ኢልካ
Geschäft (Laden) dkʷan, dächʷakʷən ድኳን፣ ደኻኹን
Geschenk hjab, hjabat ህያብ፣ ህያባት
Geschichte (Hist.) tarich ታሪኽ
Geschichte (Erzähl.) santa ዛንታ
geschlossen tä°azju ተዓጽዩ
Gesellschaft (allg.) mahbär ማሕበር
Gesellschaft (Firma) kubanja ኩባንያ
Gesetz hgi, hgitat ሕጊ፣ ሕግታት
Gesicht gäz ገጽ
Gespräch srərəb ዝርርብ
gestern tmali ትማሊ
gesund t°uj ጥዑይ
Gesundheit t°əna ጥዕና
Getränk mäßtä መስተ
Getreide ichli, a'əkal እኽሊ፣ ኣእካል
Gewicht misan ሚዛን
gewinnen käßäbä, mchßab ከሰበ፣ ምኽሳብ
Glas (Trink-) bkeri ብኬሪ
glauben amänä, m'əman ኣመነ፣ ምእማን
Glück °ədl ዕድል
glücklich hguß ሕጉስ
Gold wärqi ወርቂ
Gott əgsiabəher እግዚኣብሄር
Grammatik ßäwaßw ሰዋሰው
Gras ßa°əri ሳዕሪ
gratulieren märäqhä, məməraqh መረቐ፣ ምምራቕ
Grenze dob, dobat ዶብ፣ ዶባት
Grippe ənfluwänßa ኢንፍሉወንሳ
groß °abi ዓቢ
Größe (Kleidung) qʷəzri kdan ቍጽሪ ክዳን
Großmutter ənä hago, ənä hagotat እኖ ሓጎ፣ እኖ ሓጎታት
Großvater/-väter abba hago, abba hagotat ኣባሓጎ፣ ኣባሓጎታት
Grund mchnjat ምኽንያት
Gruppe gʷədschəlä, gʷədschəlätat ጉጅለ፣ ጉጅለታት
Gruß ßälam ሰላም
Gürtel qʷəlfi ቍልፊ
grüßen (sich) ßälam bälä, ßälam mbal ሰላም በለ፣ ሰላም ምባል
gültig jägälgl የገልግል
gut zbuqh ጽቡቕ

H

Haar zägʷəri ጸጕሪ
haben aläka, mhlaw ኣለካ፣ ምህላው
Hafen wädäb, wädäbat ወደብ፣ ወደባት
Hälfte frqi ፍርቂ
Hagel bäräd በረድ
Hals kßad ክሳድ
Halskette ßləmat kßad ስልማት ክሳድ

halten (stoppen) t'ät'äw bälä, t'ät'äw mbal ጠጠው በለ፣ ጠጠው ምባል
Haltestelle t'ät'äw mäbäli ጠጠው መበሊ
Hand id, a'ədaw ኢድ፣ ኣእዳው
handeln nägädä, mngad ነገደ፣ ምንጋድ
Handel ngdi, ngditat ንግዲ፣ ንግድታት
Händler nägadi, nägado ነጋዲ፣ ነጋዶ
Handtuch mändil መንዲል
Handwerker idä t'bäbəña ኢደ ጥበብኛ
hässlich kfu'ə ክፉእ
Hauptstadt r'əßi kätäma ርእሲ ከተማ
Haus bet, abajiti ቤት፣ ኣባይቲ
Heft däbtär ደብተር
heilig qduß ቅዱስ
Heirat mär°a መርዓ
heiß w°uj ውዑይ
helfen hagäsä, mhəgas ሓገዘ፣ ምሕጋዝ
Hemd kamətscha, kamətschatat ካምቻ፣ ካምቻታት
Herbst qäw°i ቀውዒ
Herr ato ኣቶ
Herz lbi ልቢ
heute lomi ሎሚ
hier absi ኣብዚ
Hilfe hagäs ሓገዝ
Himmel ßämaj ሰማይ
hinab btahti ብታሕቲ
hinausgehen wäz'e, mwza'ə ወጽኤ፣ ምውጻእ
Hitze mqhot ምቓት
hinter dhri ድሕሪ
hoch la°li ላዕሊ
hoffen tätäßfäwä, mtßfaw ተተስፈወ፣ ምትስፋው; täßfa gäbärä, täßfa mgbar ተስፋ ገበረ፣ ተስፋ ምግባር
hoffentlich btäßfa ብተስፋ
höflich thut ትሑት
holen amzə'ä, məmza'ə ኣምጽአ፣ ምምጻእ
Holz °intsch'äjti, a°ətsch'aw ዕንጨይቲ፣ ኣዕጫው
hören ßäm°ä, mßma°ə ሰምዐ፣ ምስማዕ
Hose ßrä, ßrätat ስረ፣ ስረታት
Hotel hotel ሆቴል
hübsch (Person) mälk°eña መልክዔኛ
Huhn därho ደርሆ
Hunger t'met ጥሜት
Hund kälbi, achalab ከልቢ፣ ኣኽላብ
Hut qobu°ə ቆብዕ
Hyäne sb'i ዝብኢ
Hygiene zret ጽሬት

I

ich anä ኣነ
ihr (Pl) nßəchum (m), nßəchən (w) ንስኹም፣ ንስኸን
immer wätru ወትሩ
impfen gegen ktabät anzar ክታበት ኣንጻር
in (zeitl. / örtl.) ab ኣብ
Indien hndi ህንዲ
Industrie indußtri ኢንዳስትሪ
Information habäreta ሓበሬታ
Ingenieur mähandß መሃንድስ
Insekt bal°ə ባልዕ

Insel däßjet ደሴት
intelligent bälih በሊሕ
interessant mäßat'i መሳጢ
interessieren, sich tägädäßä, mgdaß ተገደሰ፣ ምግዳስ
international °aläm lächawi ዓለም ለኻዊ
irgend (-wer / -was) manəm ማንም
Islam mßləməna ምስልምና

J

ja iwä እወ
Jahr °amät, °amätat ዓመት፣ ዓመታት
Jahreszeit wäqhti ወቕቲ
jährlich °amätawi ዓመታዊ
jedenfalls səchonä kojnu ዝኾነ ኰይኑ
jeder näbßi wäkäf ነብሲ ወከፍ
jedesmal näbßi wäkäf gsje ነብሲ ወከፍ ግዜ
jemand hadä ßäb ሓደ ሰብ
jetzt hədschi ሕጂ
Journalist dschornalißt ጆርናሊስት
Jude jhud ይሁድ
jüdisch jhudawi ይሁዳዊ
jung n'uß ንኡስ
Junge wädi ወዲ

K

Kaffee bun ቡን
Kalb mrach ምራኽ
kalt səhul ዝሑል
kalt sein sähalä, mishal ዘሓለ፣ ምዝሓል
Kälte sahli ዛሕሊ
Kamel gämäl ገመል
Kamera kamera ካሜራ
kaputt bələschuw ብልሽው
kaputtgehen täbälaschäwä, mbələschaw ተበላሸወ፣ ምብልሻው
Karte karta ካርታ
Kartoffel dnəsch ድንሽ
Katze dmu, dəmamu ድሙ፣ ደማሙ
Käse dschbna ጅብና
Kasse kaßa ካሳ
Kassette kaßet ካሴት
kaufen gäs'ä, mgsa'ə ገዝአ፣ ምግዛእ
kennen fälät'ä, məflat' ፈለጠ፣ ምፍላጥ
kennenlernen (jmd.) täfalät'ä, məflat' ተፋለጠ፣ ምፍላጥ
Kerze schm°a ሽምዓ
Kilo kilo ኪሎ
Kind qol°a, qol°ut ቆልዓ፣ ቆልዑት
Kino tschinäma (ital.) ቺነማ
Klage kßi, kßitat ክሲ፣ ክስታት
Kleidung kdan, kda^{w}ənti ክዳን፣ ክዳዉንቲ
klein n'əschto ንእሽቶ
Kleingeld sərsər gänsäb ዝርዝር ገንዘብ
Klingel tsch'irr mäbäli ጭር መበሊ
klingeln tsch'ir abälä, tsch'ir mbal ጭር ኣበለ፣ ጭር ምባል
klug läbam ለባም
Knie brki ብርኪ
Knoblauch schg^{w}ərti za°əda ሽጕርቲ ጻዕዳ

Knochen °azmi, a°əzmti ዓጽሚ፣ ኣዕጽምቲ
Koch käschani ከሻኒ
kochen käschänä, məchəschan ከሸነ፣ ምኽሻን
Koffer schant'a ሻንጣ
kommen mäz'ä, məmza'ə መጽአ፣ ምምጻእ
komm her! nə°a ንዓ
kompliziert hələchlach ሕልኽላኽ
König nguß ንጉስ
Königreich ngßnät ንግስነት
können mnalbat jəchäwən ምናልባት ይኸውን
können *(Vollverb)* kä'alä, məch'al ከኣለ፣ ምኽኣል
Konsulat qonßl ቆንስል
Konzert (Musik) gʷajla ጓይላ
Kopf r'əßi ርእሲ
Kopfkissen mätär'aß መተርኣስ
Kopfschmerzen qansa r'əßi ቃንዛ ርእሲ
Körper akkal, akkalat ኣካል፣ ኣካላት
Koran qur'an ቁርኣን
Korn (Getreide) əchli እኽሊ
korrekt qnu°ə ቅኑዕ
kosten (probieren) t'ä°amä, mt'°am ጠዓመ፣ ምጥዓም
kosten (Preis) wagə'u kndäj əju ዋግኡ ክንደይ እዩ
kostenlos bt'ərhu ብጥርሑ
krank hmum ሕሙም
Krankenhaus aßbidalä ኣስቢዳለ
Krankheit hmam ሕማም
Kreuz mäßqäl መስቀል
Krieg kʷinat ኲናት
Küche kəschənä ክሽነ
Kuh lam, aha ላም፣ ኣሓ
kühl səhul ዝሑል
Kühlschrank täladscha ተላጂ
Kunst ßnä t'əbäb ስነ ጥበብ
Künstler ßnä t'əbäbawi ስነ ጥበባዊ
künstlich ßənu°ə ስኑዕ
Kupfer nhaß ንሓስ
kurz hazir ሓጺር
küssen ßä°amä, mß°am ሰዓመ፣ ምስዓም

L

lächeln fəschəch bälä, fəschəch mbal ፍሽኽ በለ፣ ፍሽኽ ምባል
lachen ßähaqhä, mßhaqh ሰሓቐ፣ ምስሓቕ
Laden dqʷan, dächʷukʷən ድኳን፣ ደኳኹን
Lampe qändel ቀንዴል
Land (nicht Stadt) gät'är, gät'ärat ገጠር፣ ገጠራት
Land (Staat) hagär, hagärat ሃገር፣ ሃገራት
Landkarte karta, kartatat ካርታ፣ ካርታታት
Landwirtschaft hərscha ሕርሻ
lang (Entfernung) näwih ነዊሕ
lange Zeit näwih gsje ነዊሕ ግዜ
langsam qäß bälä, qäß mbal ቀስ በለ፣ ቀስ ምባል
langweilig aßältschawi ኣሰልቻዊ
lass! gdäfo! ገደፎ!
lassen gädäfä, mgdaf ገደፈ፣ ምግዳፍ
laufen, rennen gojäjä, məgʷəjaj ጐየየ፣ ምጒያይ
laufen (weg-) hadämä, məhdam ሃደመ፣ ምህዳም

laut °aw bälä, °aw mbal
ዓው በለ፣ ዓው ምባል
leben (physisch) näbärä, mənbar
ነበረ፣ ምንባር
leben (wohnen) täqhämət'ä, məqhəmat' ተቐመጠ፣ ምቕማጥ
Leben həjəwät ሕይወት
Lebensmittel mägbi መግቢ
Leder qorbät ቆርበት
ledig säjmər°əw ዘይምርዑው
leer näza ነጻ
legen anbärä, mənbar
ኣንበረ፣ ምንባር
lehren mäharä, məmhar
መሃረ፣ ምምሃር
Lehrer mämhər, mämharan
መምህር፣ መምሃራን
leicht (Aufgabe) qälil ቀሊል
leicht (Gewicht) fäkʷiß ፈኲስ
leihen aläqəhä, mələqah
ኣለቅሐ፣ ምልቃሕ
lernen tämäharä, məmhar
ተመሃረ፣ ምምሃር
lesen anbäbä, mənbab
ኣንበበ፣ ምንባብ
letzter mäwäda'əta መወዳእታ
Leute ßäbat ሰባት
Licht bərhan ብርሃን
lieben afqärä, məfqar
ኣፍቀረ፣ ምፍቃር
Lied därfi, därftat ደርፊ፣ ደርፍታት
Linie mäßmär, mäßmärat
መስመር፣ መስመራት
links zägam ጸጋም
Linsenbrei zäbhi bərßən
ጸብሒ ብርስን
Lippen känfär, känafər
ከንፈር፣ ከናፍር
Löffel manka, mankatat
ማንካ፣ ማንካታት
Lohn, Gehalt dämos ደሞዝ
los! nəbägäß ንበገስ!
Löwe anbäßa ኣንበሳ
Luft nfaß ንፋስ
lügen haßäwä, məhəßaw ሐሰወ፣ ምሕሳው
Lügner haßawi ሓሳዊ
Lunge ßambu'ə ሳንቡእ

M

machen gäbärä, məgbar
ገበረ፣ ምግባር
Mädchen gʷal, awaləd
ጓል፣ ኣዋልድ
Mal ßa°ə ሳዕ
malen ßä'alä, məß'al
ስኣለ፣ ምስኣል
manchmal ßahti ሳሕቲ
Mann ßäb'aj, ßäb'ut
ሰብኣይ፣ ሰብኡት
männlich täba°taj ተባዕታይ
Markt °ədaga, °ədagatat
ዕዳጋ፣ ዕዳጋታት
Matratze fərnasch ፍርናሽ
Maus antsch'wa, anazu
ኣንጭዋ፣ኣናጹ
Mechaniker mäkanik መካኒክ
Medikament mädhanit መድሓኒት
Meer bahri, bahrətat
ባሕሪ፣ ባሕርታት
Mehl harətsch'ə ሓረጭ
mehr sjada ዝያዳ
meinen r'ijto mihab ርእይቶ ምሃብ
Meinung ri'ijto ርእይቶ
Mensch ßäb, ßäbat ሰብ፣ ሰባት
merkwürdig agärami ኣገራሚ
Messer kara, karatat ካራ፣ ካራታት
Miete kraj gäsa ክራይ ገዛ

mieten tächaräjä, məkraj ተኻረየ፣ ምክራይ
Milch zäba ጸባ
Minister minißtär ሚኒስተር
Ministerium minißtri ሚኒስትሪ
Minute däqhiqh, däqhajiqh ደቒቕ፣ ደቓይቕ
mit məß ምስ
Mittag faduß ፋዱስ
Mittagessen məßah ምሳሕ
Mitte ma'əkäl ማእከል
Mittlerer Osten ma'əkälaj məbraqh ማእከላይ ምብራቕ
möglich j'kä'al ይከኣል እዩ
Monat wärhi, awarəh ወርሒ፣ ኣዋርሕ
Mond wärhi ወርሒ
morgen zbah ጽባሕ
Morgen ngho ንግሆ
Moslem aßlamaj እስላማይ
Motor motor ሞቶር
Motorrad motorßajkəl ሞቶርሳይክል
Mücke zənzəja ጽንጽያ
müde dəchum ድኹም
Müll gʷəhaf ጕሓፍ
Mund af ኣፍ
Museum betä məsäkr ቤት ምዘክር
Musik musiqa ሙዚቃ
muslimisch əßlamawi እስላማዊ
müssen gdən ግድን
Mutter addä, addätat ኣደ

N

nach (Richtung) nab ናብ
nach (Zeit) dhri ድሕሪ
Nachbar goräbet, goräbabti ጎረቤት፣ ጎረባብቲ
nachdenken haßäbä, məhßab ሐሰበ፣ ምሕሳብ
Nachmittag dhri qätri ድሕሪ ቀትሪ
Nachricht sena, senatat ዜና፣ ዜናታት
nächstes Mal smäz'ə gəsje ዝመጽእ ግዜ
Nacht läjti ለይቲ
Nadel märfə'ə መርፍእ
nähen läggäbä, mələggab ለገበ፣ ምልጋብ
nah qäräba ቀረባ
Name ßm ስም
nass t'əlul ጥሉል
Nationalität segənät ዜግነት
Natur fət'rät ፍጥረት
natürlich (nicht künstl.) bahrəjawi ባህርያዊ
natürlich! brəgəz ብርግጽ!
neben t'əqha ጥቓ
nebenbei bemerkt! btäwäßachi ብተወሳኺ
nehmen wäßädä, mwßad ወሰደ፣ ምውሳድ
nein ajfal ኣይፋል
Nettigkeit t'°um məchʷan ጥዑም ምኳን
neu hadəsch ሓዲሽ
nicht ajkonän ኣይኮነን
nichts wala hanti ዋላ ሓንቲ
niedrig (kurz) təhut ትሑት
niemals käto ከቶ
niemand wala hadä ዋላ ሓደ
Nilpferd gʷəmarä ጕማረ
nimm! wßäd ውሰድ
noch gäna ገና
noch einmal əndägäna እንደገና
nötig adlaji ኣድላዪ
Norden ßämjen ሰሜን
normal nbur ንቡር

notwendig agädaßi ኣገዳሲ
Nummer quzri, quzritat ቍጽሪ፣ ቍጽሪታት
nun əmbä°arkäß እምበዓርከስ
nur t'raj ጥራይ

O

ob əntä እንተ
oben la°əli ላዕሊ
Obst frä tächli ፍረ ተኽሊ
Ochse b°əraj ብዕራይ
oder wäj ወይ
öffnen käfätä, məchfat ከፈተ፣ ምኽፋት
oft btädägagami ብተደጋጋሚ
ohne bsäj ብዘይ
ohne Zweifel bsäj t'rt'ära ብዘይ ጥርጠራ
okay hraj ሕራይ
Öl (Erd-) nädadi ነዳዲ
Öl (Speise-) säjti ዘይቲ
Olive awli°ə ኣውሊዕ
Onkel (mütterl.) akko ኣኮ
Onkel (väterl.) hawäbo ሓወቦ
organisieren wädäbä, mwdab ወደበ፣ ምውዳብ
Ort (Ortschaft) ßäfär ሰፈር
Ort (Platz) bota ቦታ
Osten mbraqh ብምራቕ

P

paar, ein zmdi ጽምዲ
Paar, das zmdi ጽምዲ
Paket paket ፓኬት
Palme ßjä ስየ
Papier wärqhät ወረቐት
Pass paßport ፓስፖርት
Pause °äräfti ዕረፍቲ
Perle lul ሉል
Person ßäb, ßäbat ሰብ፣ ሰባት
Pfeffer bärbärä በርበረ
Pferd färäß ፈረስ
Pfirsich kuch ኩኽ
Plan mädäb መደብ
Platz adäbabaj ኣደባባይ
Politik polätika ፖለቲካ
Polizei poliß ፖሊስ
Polizist poliß ፖሊስ
Post p'oßt'a ጶስጣ
Postamt bet p'oßt'a ቤት ጶስጣ
Postkarte poßtkard ፖስትካርድ
Preis waga ዋጋ
privat glawi ግላዊ
Problem zägäm ጸገም
Programm mädäb መደብ

Q

Qualität °ajnät ዓይነት
Quittung qbəlit ቅብሊት

R

Radiogerät radjo ራድዮ
Rat (Tipp) mchri ምኽሪ
Rauch tki ትኪ
rauchen atkächä, mtkach ኣትከኸ፣ ምትካኽ
rechnen haßäbä, mhßab ሓሰበ፣ ምሕሳብ
Rechnung hßab ሕሳብ
Recht hgi, hgitat ሕጊ፣ ሕግታት
recht, du hast! haqəcha ሓቅኻ!
rechts jäman የማን

reden täsaräbä, msrab ተዛረበ፣ ምዝራብ
Regen snab ዝናብ
Regenschirm zlal ጽላል
Regierung mängəsti መንግስቲ
registrieren tämäsgäbä, məməsgab ተመዝገበ፣ ምምዝጋብ
regnen snab sänäbä, snab msnab ዝናብ ዘነበ፣ ዝናብ ምዝናብ
reich habtam ሃብታም
Reifen gomma ጎማ
reiten täwät'he, mwt'ah ተወጥሔ፣ ምውጣሕ
Religion hajmanot ሃይማኖት
Reis rus ሩዝ
Reise mägäscha መገሻ
reisen gäjäschä, mgjasch ገየሸ፣ ምግያሽ
Reisender gäjaschi ገያሺ
Reisepass paßport mägäscha ፓስፖርት መገሻ
Reparatur m°əraj ምዕራይ
reparieren a°əräjä, m°əraj ኣዕረየ፣ ምዕራይ
reservieren has'e, mhsa'ə ሓዝኤ፣ ምሕዛእ
Respekt achbrot ኣኽብሮት
Restaurant räßtorant ረስቶራንት
richtig bhaqi ብሓቂ
Richtung wägän ወገን
rufen, schreien zäw°e, mzwa°ə ጸውዔ፣ ምጽዋዕ
Ruhe °əräfti ዕረፍቲ
ruhig hdu'ə ህዱእ

S

Sachen (Gegenstände) aqhəhu, aqhəhut ኣቕሓ፣ ኣቑሑ
Sachen (Angelegenheit) nägär, nägärat ነገር፣ ነገራት
Sänger därafi ደራፊ
Saft zm^waqh^wə ጽሟቑ
sagen bälä, mbal በለ፣ ምባል
Salat ßälat'a ሰላጣ
Salz tsch'äw ጨው
sammeln akäbä, m'əkab ኣከበ፣ ምእካብ
Sand həza ሕጻ
Sandwich ßandutsch ሳንድች
satt zägäbä, mzgab ጸገበ፣ ምጽጋብ
sauber zruj ጽሩይ
sauber machen azräjä, mzraj ኣጽረየ፣ ምጽራይ
sauer (Geschmack) mäziz መጺጽ
scharf märir መሪር
Schatten zlalot ጽላሎት
Scheck tschäk ቸክ
Schere mäqhäs መቐዝ
schicken, senden lä'achä, ml'ach ለኣኸ፣ ምልኣኽ
Schiff märkäb መርከብ
schlafen däqäßä, mdqaß ደቀሰ፣ ምድቃስ
Schlafzimmer mädäqäßi kfli መደቀሲ ክፍሊ
schlagen harämä, mhram ሃረመ፣ ምህራም
schlecht hmaqh ሕማቕ
schließen °azäwä, m°əzaw ዓጸወ፣ ምዕጻው
Schloss (Gebäude) gbi ግቢ
Schlüssel mäftəh, mäfatəh መፍትሕ፣ መፋትሕ

mi'ətin °arbə°an schomontän

schmackhaft m°us ምዑዝ
Schmerz qansa ቃንዛ
schmutzig räßah ረሳሕ
schneiden qoräzä, məqhʷəraz ቆረጸ፣ ምቊራጽ
schnell bqhəlt'uf ብቕልጡፍ
Schnurrbart tsch'əhmi ጭሕሚ
Schokolade schokolata ሾኮላታ
schön mälk°eña መልክዔኛ
Schrank käbhi ከብሒ
schreiben zähafi, mzhaf ጸሓፈ፣ ምጽሓፍ
Schuh ßa'əni, aßa'ən ሳእኒ፣ ኣሳእን
Schuld gäbän ገበን
schuldig sein bädäl, mbdal በደለ፣ ምብዳል
Schule bet təmhərti ቤት ትምህርቲ
Schüler tämaharaj ተማሃራይ
schwach dəchum ድኹም
schwanger näbßä zor ነብሰ ጾር
schweigen azqät'ä, mzqat' ኣጽቀጠ፣ ምጽቃጥ
schwer (n. leicht) käbid ከቢድ
Schwester habti, ahwat ሓብቲ፣ ኣሕዋት
schwierig azägami ኣጸጋሚ
schwimmen hanbäßä, mhənbaß ሓንበሰ፣ ምሕንባስ
schwitzen rähäzä, mrhaz ረሃጸ፣ ምርሃጽ
See, der bahri ባሕሪ
sehen rä'ajä, mər'aj ረኣየ፣ ምርኣይ
Seide harri ሃሪ
Seife ßamna ሳምና
Seil gämäd ገመድ
sein käwänä, mchʷan ከወነ፣ ምኳን
seit kab ካብ
Seite (Buch) gäz ገጽ
Seite (Richtung) wägän ወገን
Sekunde kli'it ክልኢት
selbst b°al ብዓል *(+Poss)*
ich selbst ba°əläj ባዕለይ
selbstverständlich! rdu'ə ርዱእ እዩ
setzen, sich anbärä, mnbar ኣንበረ፣ ምንባር
sicher brəgəz ብርግጽ
sicher, ich bin anä rəgəz əjä ኣነ ርግጽ እየ
sie (Sg) nßa ንሳ
sie (Pl) nßatom (m), nßatän (w) ንሳቶም ንሳተን
Sie nßchum (m), nßchən (w) ንስኹም ንስኽን
Silber brur ብሩር
singen däräfä, mdraf ደረፈ፣ ምድራፍ
sitzen kof bälä, kof mbal ኮፍ በለ፣ ኮፍ ምባል
so əmb°ar እምበዓር
sofort bhəzuz ብህጹጽ
sogar əkʷa də'a እኳ ድኣ
Sohn wädi ወዲ
Soldat wätähadär ወተሃደር
sollen mhəlaw ምህላው
Somalia ßomalja ሶማልያ
Sommer hagaj ሓጋይ
Sonne zähaj ጸሓይ
sparen qotäbä, mqhʷət'ab ቆጠበ፣ ምቊጣብ
spät mdəngʷaj ምድንጓይ
Speise mägbi መግቢ
Speisekarte kard mägbi ካርድ መግቢ
Spiel zäwäta ጸወታ
spielen täzawätä, mzəwat ተጻወተ፣ ምጽዋት
Sport ßport ስፖርት
Sprache qʷanqʷa ቋንቋ

mi'atin °arba°an təscha°atän

sprechen täsaräbä, msərab
ተዛረበ፣ ምዝራብ
Spritze märf'ə hkəməna
መርፍእ ሕክምና
Staat hagär, hagärat
ሃገር፣ ሃገራት
Staatsangehörigkeit segnät
ዜግነት
Stadt kätäma, kätämatat
ከተማ፣ ከተማታት
stark hajal ሓያል
stehen qomä, mqhʷam
ቆመ፣ ምቛም
stehend t'ät'äw ilu, t'ät'äw mbal
ጠጠው ኢሉ፣ ጠጠው ምባል
stehlen ßäräqhä, mßraqh
ሰረቐ፣ ምስራቕ
Stein əmni, a'əman እምኒ፣ ኣእማን
Stelle, Ort bota, botatat
ቦታ፣ ቦታታት
sterben motä, məmat
ሞተ፣ ምማት
Stift rßaß ርሳስ
Stimme dəmzi ድምጺ
Stoff tsch'ärqi ጨርቂ
Strafe mäqhza°əti መቕጻዕቲ
Strand gämgäm bahri
ገምገም ባሕሪ
Straße zrgja, zrgjatat
ጽርግያ፣ ጽርግያታት
Streichhölzer krbit ክርቢት
Strom zə°at elätrik
ጽዓት ኤለትሪክ
Stück habba ሓባ
Student tämaharaj ተማሃራይ
Studentin tämaharit ተማሃሪት
Stunde ßä°at, ßä°atat
ሰዓት፣ ሰዓታት
suchen däläjä, mdlaj
ደለየ፣ ምድላይ
Süden däbub ደቡብ
Sudan ßudan ሱዳን
Suppe märäqh መረቕ
süß schkor ሽኮር

T

Tabak tənbacho ትንባኾ
Tablette känina ኪኒና
Tag mä°alti, mä°altətat
መዓልቲ፣ መዓልትታት
Tag (nicht Nacht) brhan ብርሃን
täglich mä°altawi መዓልታዊ
Tal ßntsch'əro ስንጭሮ
Tankstelle ənda nädadi
እንዳ ነዳዲ
Tante (mütterl.) hatənä ሓትነ
Tante (väterl.) ammo ኣሞ
tanzen ßa°əßə°ä, ms°əßa°ə
ሳዕሰዐ፣ ምስዕሳዕ
Tasche ßant'a ሳንጣ
Tasche (Hosen-) dschubba ጁባ
Taxi takßi ታክሲ
Tee schahi ሻሂ
Telefon täläfon ተለፎን
telefonieren täläfon däwälä,
täläfon mdəwal ተለፎን ደወለ፣
ተለፎን ምድዋል
Teller (trad.) qrətsch'at ቅርጫት
teuer kbur ክቡር
Teufel ßäjt'an ሰይጣን
Theater tjatər ትያትር
tief °amiqhʷə ዓሚቝ
Tier ənßəßa, ənßəßatat እንስሳ፣
እንስሳታት
Tigre tgrawaj, təgaru ትግራዋይ
፣ ተጋሩ
Tigrinya tgraña ትግርኛ
Tochter gʷal, awaləd ጓል፣ ኣዋልድ

Tod mot ሞት
Toilette schqhaqh ሽቓቕ
Toilettenpapier wäräqhät schqhaqh ወረቐት ሽቓቕ
tot motä ሞተ
töten qätälä, mqhtal ቀተለ፣ ምቕታል
Tourist turißt ቱሪስት
Tradition lmdi ልምዲ
tragen zäwärä, mzar ጸወረ፣ ምጻር
traurig ahsani ኣሕዛኒ
treffen, sich (mit) tärachäbä, mrəchab ተራኸበ፣ ምርኻብ
Treppe därädscha, därädschatat ደረጃ፣ ደረጃታት
trinken ßätäjä, mßtaj ሰተየ፣ ምስታይ
Trinkgeld moqhəschəsch ሞቑሽሽ
trocken nqhuz ንቑጽ
tschüß! Baj baj! ባይ ባይ
tun gäbärä, mgbar ገበረ፣ ምግባር
Tür ma°əzo, ma°əzotat ማዕጾ፣ ማዕጾታት
Turm gbbi ግቢ
Tüte käräzit ከረጺት

U

über (örtl.) ab lə°əli ኣብ ልዕሊ
überall ab kulu bota ኣብ ኩሉ ቦታ
übermorgen dhri zbah ድሕሪ ጽባሕ
übersetzen tärg^{w}emä, mtərg^{w}am ተርጐመ፣ ምትርጓም
Übersetzer aßtärg^{w}amaj ኣስተርጓማይ
übrig täräf ተረፍ
Übung ləməməd ልምምድ
Uhr ßä°at ሰዓት
um ab ኣብ
um zu … mätan መታን
umleiten aqhnə°e, mqhna°ə ኣቕንዒ፣ ምቕናዕ
umtauschen hawälä, mhəwal ሓወለ፣ ምሕዋል
umtauschen (Geld) aschräfä, mschraf ኣሽረፈ፣ ምሽራፍ
Umwelt käbabi ከባቢ
unbekannt säjtäfält'ä ዘይተፈልጠ
und nə- ን
Unfall hadäga, hadägatat ሓደጋ፣ ሓደጋታት
ungefähr bəgəmət ብግምት
Universität univärßiti ዩኒቨርሲቲ
unmöglich säjkä'al ዘይክኣል
unschuldig sein bädäl albo በደል ኣልቦ
unten tahti ታሕቲ
unter təhti ትሕቲ
unterrichten (lehren) aßtämharä, mßtəmhar ኣስተምሃረ፣ ምስትምሃር
unterschreiben färämä, mfəram ፈረመ፣ ምፍራም
Unterschrift färma ፌርማ
Urlaub (Rundreise) srot ዝሮት

V

Vater abbo, abbotat ኣቦ፣ ኣቦታት
Ventilator väntilator ቨንቲላቶር
Verabredung qozära ቆጸራ
verabschieden, sich täfanäwä, mfənaw ተፋነወ፣ ምፍናው
verantwortlich halafənätawi ሓላፍነታዊ
verboten kəlkul ክልኩል
verboten (religiös) haram ሓራም

Verbrechen gäbän ገበን
Verbrecher gäbänäña ገበነኛ
verdienen gänsäb a'ətäwä, gänsäb m'ətaw ገንዘብ ኣእተወ፣ ገንዘብ ምእታው
vergessen räßə°ä, mrəßa°ə ረስዐ፣ ምርሳዕ
Vergnügen tädäßätä, mdəßat ተደሰተ፣ ምድሳት
verirren, sich hawtätä, mhəwtat ሃውተተ፣ ምህውታት
verkaufen schəjät'ä, mschat'ə ሸየጠ፣ ምሻጥ
verlassen amänä, m'əman ኣመነ፣ ምእማን
verletzt qoßälä, mqhʷəßal ቆሰለ፣ ምቑሳል
Verletzung qußli ቍስሊ
verlieren (Dinge) t'äf'ä, mət'fa'ə ጠፍአ፣ ምጥፋእ
vermieten akaräjä, mkəraj ኣካረየ፣ ምክራይ
Versicherung wəhßənät ውሕስነት
verspäten, sich dängojä, mdəngʷaj ደንጎየ፣ ምድንጓይ
Verspätung mdəngʷaj ምድንጓይ
verstehen tärädə'ä, mrəda'ə ተረድአ፣ ምርዳእ
versuchen fätänä, mfətan ፈተነ፣ ምፍታን
verrückt täzälälä, mzəlal ተጸለለ፣ ምጽላል
viel bsuh ብዙሕ
vielleicht mnalbat ምናልባት
Vogel °uf ዑፍ
Volk hsbi, ahsab ህዝቢ፣ ኣህዛብ
voll mlu'ə ምሉእ
von kab ካብ
von (Besitz) naj ናይ
vor (Ort) ab qdmi ኣብ ቅድሚ
vor (Zeit) qdmi ቅድሚ
vorbereiten täqhäraräbä, mqərərab ተቐራረበ፣ ምቅርራብ
vorgestern qdmi tmali ቅድሚ ትማሊ
vorher qdmi ቅድሚ
Vormittag qdmi qätri ቅድሚ ቀትሪ
Vorname qädamaj schəm ቀዳማይ ሽም
Vorschlag °əmamä እማመ
Vorsicht! tät'änqäqh ተጠንቀቕ
Vorwahlnummer erja kod ኤርያ ኮድ

W

Wagen mäkkina, mäkkajən መኪና፣ መካይን
wahr bhaqi ብሓቂ
während ab əwan ኣብ እዋን
Wand mändäqh መንደቕ
wann mä°aß መዓስ
Ware aqhha, aqhəhut ኣቕሓ፣ ኣቑሑ
warm w°uj ውዑይ
warten täzäbäjä, mzəbaj ተጸበየ፣ ምጽባይ
warum nməntaj ንምንታይ
was əntaj እንታይ
waschen hazäbä, məhzab ሓጸበ፣ ምሕጻብ
Wasser maj ማይ
Watte t'ut' ጡጥ
wecken atänßä'ä, mtənßa'ə ኣተንስአ፣ ምትንሳእ
weder ... noch ... əti jchun əti ... aj- ... እቲ ይኹን እቲ…ኣይ-…

Weg zərgja ጽርግያ
wegen bməchnəjat ብምኽንያት
weggehen kädä, mchad
ከደ፣ ምኻድ
weiblich anßtäjti ኣንስተይቲ
weil məchnəjatu ምኽንያቱ
weinen bächäjä, məbkaj
በኸየ፣ ምብካይ
weit rhuqh ርሑቕ
welcher ajänaj ኣየናይ
wenig hidät ሒደት
wenn (falls) əntä እንተ
wer män መን
werden konä, mchʷan ኮነ፣ ምኳን
Westen m°ərab ምዕራብ
Wetter ajär ኣየር
wichtig agädaßi ኣገዳሲ
wie kämäj ከመይ
wieder əndägäna እንደገና
wiederholen dägämä, mdgam
ደገመ፣ ምድጋም
wieviel kndäj ክንደይ
Wind nfaß ንፋስ
Winter krämti ክረምቲ
wir nhna ንሕና
Wirtschaft qʷət'äba ቍጠባ
wissen fälät'ä, mflat'
ፈለጠ፣ ምፍላጥ
wo abäj ኣበይ
Woche ßämun ሰሙን
woher kabäj ካበይ
wohin nabäj ናበይ
wohnen täqhämät'ä, mqhəmat'
ተቐመጠ፣ ምቕማጥ
Wohnung gäsa ገዛ
Wolle zägʷəri bägi°ə ጸጕሪ በጊዕ
wollen däläjä, mdlaj
ደለየ፣ ምድላይ
Wort qal, qalat ቃል፣ ቃላት
Wörterbuch mäsgäbä qalat
መዝገበ ቃላት
Wunde qʷəßli ቍስሊ
wünschen tämänäjä, məmənaj
ተመነየ፣ ምምናይ
Wüste mdrä bäda ምድረ በዳ

Z

zahlen käfälä, mchfal
ከፈለ፣ ምኽፋል
Zählung fqhdi ፍቕዲ
Zahnarzt hakim ßni ሓኪም ስኒ
Zahnbürste mäzräj ßni
መጽረይ ስኒ
zeigen ar'ajä, mər'aj
ኣርኣየ፣ ምርኣይ
Zeit gsje ግዜ
Zeitung gaset'a, gaset'atat
ጋዜጣ፣ ጋዜጣታት
Zelt tenda, tendatat
ቴንዳ፣ ቴንዳታት
Zentrum (Stadt-) ma'əkäl kätäma
ማእከል ከተማ
Zigarette schgara, schgaratat
ሽጋራ፣ ሽጋራታት
Zimmer kfli, kflətat
ክፍሊ፣ ክፍልታት
Zoll gumruk ጉምሩክ
zu Fuß b'əgri ብእግሪ
zufrieden °əgub ዕጉብ
Zug babur, baburat ባቡር፣ ባቡራት
zusammen bhanßab ብሓንሳብ
zu vermieten skarä gäsa
ዝካረ ገዛ
zweifellos bsäj t'ərət'ər
ብዘይ ጥርጥር
zwischen ab mängo ኣብ መንጎ

Tigrinya – Deutsch

°

°abi ዓቢ groß

°adägä ዓደገ einkaufen

°adämä, m°ədam ዓደመ፣ ምዕዳም (jmd.) einladen

°adi, °aditat ዓዲ፣ ዓድታት Dorf (Ortschaft)

°ajnät ዓይነት Art; Qualität

°ajni, jä°inti ዓይኒ፣ የዒንቲ Auge

°aläm lächawi ዓለም ለኻዊ international

°amät, °amätat ዓመት፣ ዓመታት Jahr

°amätawi ዓመታዊ jährlich

°amiqhʷə ዓሚቑ tief

°aräbawi ዓረባዊ arabisch

°arat, °arawti ዓራት፣ ዓራውቲ Bett

°arki, a: mäẖasa ዓርኪ፣ መሓዛ Freund

°aßa, °aßatat ዓሳ፣ ዓሳታት Fisch

°aw bälä, °aw mbal ዓው በለ፣ ዓው ምባል laut

°awät, °awätat ዓወት፣ ዓወታት Erfolg

°azäwä, m°əzaw ዓጸወ፣ ምዕጻው schließen

°azmi, a°əzmti ዓጽሚ፣ ኣዕጽምቲ Knochen

°ədaga, °ədagatat ዕዳጋ፣ ዕዳጋታት Markt

°ədl ዕድል Glück

°ədmä ዕድመ Einladung

°ədmä, °ədmätat ዕድመ፣ ዕድመታት Alter

°əgub ዕጉብ zufrieden

°əlät ዕለት Datum

°əmamä እማመ Vorschlag

°ənbaba, °ənbabatat ዕንባባ፣ ዕንባባታት Blume

°əräfti ዕረፍቲ Ferien; Pause; Ruhe

°ila ዒላ Brunnen

°inqur°ob ዕንቍርዖብ Frosch

°intsch'äjti, a°ətsch'aw ዕንጨይቲ፣ ኣዕጫው Holz

°uf ዑፍ Vogel

A

a°əräfä, m°əraf ኣዕረፈ፣ ምዕራፍ sich erholen

a°əräjä, m°əraj ኣዕረየ፣ ምዕራይ reparieren

ab ኣብ in (zeitl. / örtl.); um

ab dẖri ኣብ ድሕሪ dahinter

ab əwan ኣብ እዋን während

ab kulu bota ኣብ ኩሉ ቦታ überall

ab lə°əli ኣብ ልዕሊ auf; über (örtl.)

ab mängo ኣብ መንጎ zwischen

ab qäräba əwan ኣብ ቀረባ እዋን bald

ab qdmi ኣብ ቅድሚ vor (örtl.)

ab'u ኣብኡ dort

abba ẖago, abba ẖagotat ኣባሓጎ፣ ኣባሓጎታት Großvater/-väter

abäj ኣበይ wo

abbo, abbotat ኣቦ፣ ኣቦታት Vater

absi ኣብዚ da; hier

achbrot ኣኽብሮት Respekt

adäbabaj ኣደባባይ Platz
adämamza ኣደማምጻ Aussprache
addä, addätat ኣደ Mutter
adgi, a'ədug ኣድጊ፣ ኣእዱግ Esel
adlaji ኣድላዪ nötig
adrascha, adraschatat ኣድራሻ፣ ኣድራሻታት Adresse
af ኣፍ Mund
af ləbbi ኣፍ ልቢ Brust(korb)
afdägä ኣፍደገ Eingang
afqädä, mfqad ኣፍቀደ፣ ምፍቃድ erlauben
afqärä, məfqar ኣፍቀረ፣ ምፍቃር lieben
agädaßi ኣገዳሲ notwendig; wichtig
agärami ኣገራሚ merkwürdig
ahədäßä, mhədaß ኣሕደሰ፣ ምሕዳስ erneuern
ahsani ኣሕዛኒ traurig
ajänaj ኣየናይ welcher
ajär ኣየር Wetter
ajfal ኣይፋል nein
ajkonän ኣይኮነን (gibt es) nicht
ajßkräm ኣይስክሬም (Speise-)Eis
akäbä, m'əkab ኣከበ፣ ምእካብ sammeln
akäbabi ኣከባቢ Gegend
akaräjä, mkəraj ኣካረየ፣ ምክራይ vermieten
akkal, akkalat ኣካል፣ ኣካላት Körper
akko ኣኮ Onkel (mütterl.)
aläka, mhlaw አለካ፣ ምህላው haben
aläqəhä, mələqah ኣለቅሐ፣ ምልቃሕ leihen
alkol ኣልኮል Alkohol
amänä, m'əman ኣመነ፣ ምእማን glauben
amänä, m'əman ኣመነ፣ ምእማን verlassen
amäßgänä, məməßgan ኣመስገነ፣ ምምስጋን danken
ambar id ኣምባር ኢድ Armreif
ammo ኣሞ Tante (väterl.)
amzä'e, məmza'ə ኣምጸኤ፣ ምምጻእ bringen; holen
anä ኣነ ich
anä rəgəz əjä ኣነ ርግጽ እየ sicher, ich bin
ananaß ኣናናስ Ananas
anbäbä, mənbab ኣንበበ፣ ምንባብ lesen
anbärä, mənbar ኣንበረ፣ ምንባር legen; setzen, sich
anbäßa ኣንበሳ Löwe
anßola ኣንሶላ Bettwäsche
anßtäjti ኣንስተይቲ weiblich
antibjotik ኣንቲብዮቲክ Antibiotikum
antsch'wa, anazu ኣንጭዋ፣ኣናጹ Maus
anzar ኣንጻር gegen
aqhəha, aqhəhut ኣቕሓ፣ ኣቕሑ Ware; Sachen (Gegenstände)
aqhnə°e, mqhna°ə ኣቕንዔ፣ ምቕናዕ umleiten
ar'ajä, mər'aj ኣርኣየ፣ ምርኣይ zeigen
arägit, arägäwti ኣረጊት፣ ኣረገውቲ alt (Dinge)
aranschi ኣራንሺ Apfelsine
asäntäwä, məsəntaw ኣዘንተወ፣ ምዝንታው erzählen
asäsä, m'əsas ኣዘዘ፣ ምእዛዝ befehlen
aschräfä, mschraf ኣሸረፈ፣ ምሽራፍ umtauschen (Geld)
aßältschawi ኣሰልቻዊ langweilig

aßämə°e, mßəma°ə ኣሰምዔ፣ ምስማዕ sich beschweren
aßbidalä ኣስቢዳለ Krankenhaus
aßlamaj እስላማይ Moslem
aßpərin ኣስፕሪን Aspirin
aßtämharä, mßtəmhar ኣስተምሃረ፣ ምስትምሃር unterrichten (lehren)
aßtärgʷamaj, aßtärgʷomti ኣስተርጓማይ፣ ኣስተጐምቲ Dolmetscher; Übersetzer
aßtat ኣስታት etwa
atänßä'ä, mtənßa'ə ኣተንስአ፣ ምትንሳእ wecken
atäwä, m'ətaw ኣተወ፣ ምእታው eintreten
atkächä, mtkach ኣትከኸ፣ ምትካኽ rauchen
ato ኣቶ Herr
autobuß, autobußat ኣውቶቡስ፣ ኣውቶቡሳት Bus
awli°ə ኣውሊዕ Olive
azägami ኣጸጋሚ schwierig
azqät'ä, mzqat' ኣጽቀጠ፣ ምጽቃጥ schweigen
azräjä, mzraj ኣጽረየ፣ ምጽራይ sauber machen

B

b'ə'u mchnjat ብእኡ ምኽንያት darum
b'əgri ብእግሪ zu Fuß
b°al ብዓል Fest (religiös); *(+Poss)* selbst
b°al twlədi ብዓል ትውልዲ Geburtstag
b°əraj ብዕራይ Ochse
bä°al bet በዓል ቤት Ehemann
bä°al moja በዓል ሞያ Experte
bä°al, bä°alat በዓል፣ በዓላት Feier
bä°alti bet በዓልቲ ቤት Ehefrau
ba°əläj ባዕለይ ich selbst
babur mdri ባቡር ምድሪ Eisenbahn
babur, baburat ባቡር፣ ባቡራት Zug
bächäjä, məbkaj በኸየ፣ ምብካይ weinen
bädäl, mbdal በደለ፣ ምብዳል schuldig sein
bädäl albo በደል ኣልቦ unschuldig sein
bädschacha, bädschachi በጃኻ፣ በጃኺ Bitte
bädschäka በጀካ außer
bahrəjawi ባህርያዊ natürlich (nicht künstl.)
bahri, bahrətat ባሕሪ፣ ባሕርታት Meer; (der) See
Baj baj! ባይ ባይ tschüß!
bäjnu በይኑ *(+Poss)* allein
bäl°ä, məbla°ə በልዐ፣ ምብላዕ essen
bal°ə ባልዕ Insekt
bälä, mbal በለ፣ ምባል sagen
bälih በሊሕ intelligent
bänana በናና Banane
banki ባንኪ Bank
baño ባኞ Badezimmer
bänsin በንዚን Benzin
bar°ə ባርዕ Brand
bäräd በረድ Hagel
bärbärä በርበረ Pfeffer
bäriru, mbrar በሪሩ፣ ምብራር fliegen
batäri ባተሪ Batterie
bäzhe, məbzah በጽሔ፣ ምብጻሕ ankommen, erreichen
bə ብ dass; durch; bei
bəgəmət ብግምት ungefähr

bəl°i ብልዒ Essen
bələschuw ብልሸው kaputt
bəqhəlt'uf ብቕልጡፍ eilig
bərhan ብርሃን Licht
bet bun ቤት ቡን Café
bet ma'əßärti ቤት ማእሰርቲ Gefängnis
bet mägbi, bet mägbitat ቤት መግቢ፣ ቤት መግቢታት Gaststätte
bet p'oßt'a ቤት ጶስጣ Postamt
bet təmhərti ቤት ትምህርቲ Schule
bet zhfät ቤት ጽሕፈት Büro
bet, abajiti ቤት፣ ኣባይቲ Haus
betä məsäkr ቤተ ምዘክር Museum
bhanßab ብሓንሳብ zusammen
bhaqi ብሓቂ richtig, wahr
bhazir ብሓጺር Abkürzung
bhəzuz ብህጹጽ dringend; sofort
bira ቢራ Bier
bkeri ብኬሪ (Trink-)Glas
bluz ብሉጽ ausgezeichnet
bmäkkina käjdu, bmäkkina mchad ብመኪና ከይዱ፣ ብመኪና ምኻድ fahren
bməchnəjat ብምኽንያት wegen
bochorä, mbkʷar ቦኾረ፣ ምብኳር fehlen
bota, botatat ቦታ፣ ቦታታት Ort, Platz, Stelle
bqhəlt'uf ብቕልጡፍ schnell
brəgəz ብርግጽ sicher; natürlich!
brhan ብርሃን Tag (nicht Nacht)
brki ብርኪ Knie
brur ብሩር Silber
bsäj ብዘይ ohne
bsäj t'ərət'ər ብዘይ ጥርጥር zweifellos
bsäjägädß ብዘየገድስ egal
bschkoti ብሽኮቲ Gebäck
bsuh ብዙሕ viel
bt'ərhu ብጥርሑ kostenlos
btahti ብታሕቲ hinab
btädägagami ብተደጋጋሚ oft
btäßfa ብተስፋ hoffentlich
btäwäßachi ብተወሳኺ nebenbei bemerkt!
bun ቡን Kaffee

D

däbdabä ደብዳበ Brief
däbtär ደብተር Heft
däbub ደቡብ Süden
dächämä, mdkam ደኸመ፣ ምድካም ermüden
dägämä, mdgam ደገመ፣ ምድጋም wiederholen
dajräktär ዳይረክተር Direktor
däläjä, mdlaj ደለየ፣ ምድላይ brauchen; suchen; wollen
däm ደም Blut
dämos ደሞዝ Lohn, Gehalt
dängojä, mdəngʷaj ደንጎየ፣ ምድንጓይ sich verspäten
dänqoro ደንቆሮ dumm
däqäßä, mdqaß ደቀሰ፣ ምድቃስ schlafen
däqhiqh, däqhajiqh ደቒቕ፣ ደቓይቕ Minute
därädscha, därädschatat ደረጃ፣ ደረጃታት Treppe
däräfä, mdraf ደረፈ፣ ምድራፍ singen
därafi ደራፊ Sänger
därbi, därbtat ደርቢ፣ ደርብታት Etage
därfi, därftat ደርፊ፣ ደርፍታት Lied
darga ዳርጋ fast

därho ደርሆ Huhn
däßjet ደሴት Insel
dcha ድኻ arm
dəchum ድኹም müde; schwach
dəmzi ድምጺ Stimme
dəndəl ድንድል Brücke
dhri ድሓር danach, dann, nach (zeitl.); hinter (örtl.)
dhri qätri ድሕሪ ቀትሪ Nachmittag
dhri zbah ድሕሪ ጽባሕ übermorgen
dißko ዲስኮ Diskothek
dkʷan, dächʷakʷən ድኳን፣ ደኳኹን Geschäft, Laden
dmu, dämamu ድሙ፣ ደማሙ Katze
dnəsch ድንሽ Kartoffel
dob, dobat ዶብ፣ ዶባት Grenze
drar ድራር Abendessen
dschalba, dschalbatat ጀልባ፣ ጀልባታት Boot
dschämärä, mdschəmar ጀመረ፣ ምጅማር beginnen, anfangen
dschärdin, dscharadin ጀርዲን፣ ጀራዲን Garten
dschärmän ጀርመን Deutsche(r)
dschärmänawi, dschärmänawit ጀርመናዊ፣ ጀርመናዊት deutsch
dschbna ጅብና Käse
dschbuti ጅቡቲ Dschibuti
dschornalißt ጆርናሊስት Journalist
dschubba ጁባ (Hosen-)Tasche

E

ejdəß ኤይድስ Aids
embaßi ኤምባሲ Botschaft (dipl.)
erja kod ኤርያ ኮድ Vorwahl (Tel.)
ertəra ኤርትራ Eritrea

ə

əchli, a'əkal እኽሊ፣ ኣእካል Getreide, Korn
əgri, a'əgar እግሪ፣ ኣእጋር Bein; Fuß
əgsi'abəher እግዚኣብሄር Gott
əkʷa də'a እኳ ድኣ sogar
əmb°ar እምበዓር so
əmbä°arkäß እምበዓርከስ nun
əmni, a'əman እምኒ፣ ኣእማን Stein
ənä hago, ənä hagotat እኔ ሓጎ፣ እኔ ሓጎታት Großmutter
ənda nädadi እንዳ ነዳዲ Tankstelle
əndägäna እንደገና wieder, noch einmal
əndschera እንጌራ Brot (Fladenbrot)
ənfluwänßa ኢንፍሉወንሳ Grippe
ənglis እንግሊዝ englisch
ənglisawi, ənglisawit እንግሊዛዊ፣ እንግሊዛዊት Engländer
ənqʷaqhʷəho እንቋቑሖ Ei
ənßəßa, ənßəßatat እንስሳ፣ እንስሳታት Tier
əntä እንተ ob; wenn; falls
əntaj እንታይ was
əsi እዚ dies
əsi malät እዚ ማለት das heißt
əßlamawi እስላማዊ muslimisch
əti jchun əti ... aj- እቲ ይኹን እቲ... ኣይ- weder ... noch ...
əwä እወ ja
əwn እውን auch

F

fabrika ፋብሪካ Fabrik
faduß ፋዱስ Mittag
fäk^{w}iß ፈኲስ leicht (Gewicht)
fälät'ä, məflat' ፈለጠ፣ ምፍላጥ kennen; wissen
färämä, mfəram ፈረመ፣ ምፍራም unterschreiben
färäß ፈረስ Pferd
färẖä kab, mfraẖ kab ፈርሔ ካብ...፣ ምፍራሕ ካብ... fürchten, sich (vor), Angst haben
färma ፌርማ Unterschrift
farmatscha ፋርማቻ Apotheke
fätänä, mfətan ፈተነ፣ ምፍታን versuchen
fätaw gascha ፈታው ጋሻ Gastfreundschaft
fätli ፈትሊ Faden
fərẖi ፍርሒ Angst
fərnasch ፍርናሽ Matratze
fəschəch bälä, fəschəch mbal ፍሽኽ በለ፣ ፍሽኽ ምባል lächeln
fət'rät ፍጥረት Natur
fidäl, fidälat ፊደል፣ ፊደላት Buchstabe
film, aflam ፊልም፣ ኣፍላም Film
film ẖazibu, film məẖzab ፊልም ሓጺቡ፣ ፊልም ምሕጻብ entwickeln (Film)
form ፎርም Formular
fqhad mäsäwäri mäkkina ፍቓድ መዘወሪ መኪና Führerschein
fqhdi ፍቕዲ Zählung
frä tächli ፍረ ተኽሊ Früchte, Obst
freno ፍሬኖ Bremse
frqi ፍርቂ Hälfte

G

gäbän ገበን Schuld; Verbrechen
gäbänäña ገበነኛ Verbrecher
gäbärä, məgbar ገበረ፣ ምግባር machen, tun
gädäfä, mgdaf ገደፈ፣ ምግዳፍ lassen
gäfaf °aßa ገፋፍ ዓሳ Fischer
gäfiẖ ገፊሕ breit
gäjäschä, mgjasch ገየሸ፣ ምግያሽ abreisen; reisen
gäjaschi ገያሺ Reisender
gälä ገለ etwas
gälä gälä ገለ ገለ einige
gäläzä, məglaz ገለጸ፣ ምግላጽ erklären
gämäd ገመድ Seil
gämäl ገመል Kamel
gämgäm baẖri ገምገም ባሕሪ Strand
gäna ገና noch
gänsäb a'ətäwä, gänsäb m'ətaw ገንዘብ ኣእተወ፣ ገንዘብ ምእታው verdienen
gäräb ገረብ Baum
garadsch ጋራጅ Autowerkstatt
gas ጋዝ Gas
gäs'ä, mgsa'ə ገዝአ፣ ምግዛእ kaufen
gäsa ገዛ Wohnung
gascha, agajisch ጋሻ፣ ኣጋይሽ Gast
gaset'a, gaset'atat ጋዜጣ፣ ጋዜጣታት Zeitung
gät'är, gät'ärat ገጠር፣ ገጠራት Land (nicht Stadt)
gäz ገጽ Gesicht; Seite (Buch)
gbbi ግቢ Turm
gbi ግቢ Burg, Schloss (Gebäude)

gdäfo! ግደፎ! lass!
gdən ግድን müssen
gega ጌጋ falsch
gega, gegatat ጌጋ፣ ጌጋታት Fehler
gən ግን aber
glawi ግላዊ privat
gobo, gobotat ጎቦ፣ ጎቦታት Berg, Gebirge
gojäjä, məgʷəjaj ጐየየ፣ ምጕያይ laufen, rennen
gomma ጎማ Reifen
goräbet, goräbabti ጐረቤት፣ ጐረባብቲ Nachbar
grat, grawəti ግራት፣ ግራውቲ Feld (Acker)
gsje ግዜ Zeit
gudaj ጉዳይ Angelegenheit
gumruk ጉምሩክ Zoll
gʷajla ጓይላ Konzert (Musik)
gʷajla gäbärä, gʷajla mgbar ጓይላ ገበረ፣ ጓይላ ምግባር feiern
gʷal, awaləd ጓል፣ ኣዋልድ Mädchen
gʷal, awaləd ጓል፣ ኣዋልድ Tochter
gʷana ጓና fremd
gʷə°so ጕዕዞ Fahrt
gʷədschəlä, gʷədschəlätat ጕጅለ፣ ጕጅለታት Gruppe
gʷəhaf ጕሓፍ Müll
gʷəmarä ጕማረ Nilpferd

H

habä, mhab ሃበ፣ ምሃብ geben
habäreta ሓበሬታ Auskunft, Information
habba ሓባ Stück
habbärä, mhəbbar ሓበረ፣ ምሕባር benachrichtigen
habtam ሃብታም reich
habti, ahwat ሓብቲ፣ ኣሕዋት Schwester
hadä ሓደ einer
hadä nägär ሓደ ነገር Ding
hadä ßäb ሓደ ሰብ jemand
hadäga, hadägatat ሓደጋ፣ ሓደጋታት Gefahr; Unfall
hadägäña ሓደገኛ gefährlich
hadämä, məhdam ሃደመ፣ ምህዳም (weg-)laufen
hadar ሓዳር Ehe
hadəsch ሓዲሽ neu
hagaj ሓጋይ Sommer
hagär, hagärat ሃገር፣ ሃገራት Land (Staat)
hagär, hagärat ሃገር፣ ሃገራት Staat
hagärä dschärmän ሃገረ ጀርመን Deutschland
hagäs ሓገዝ Hilfe
hagäsä, mhəgas ሓገዘ፣ ምሕጋዝ helfen
hajal ሓያል stark
hajmanot ሃይማኖት Religion
hakim, hachajim ሓኪም፣ ሓኻይም Arzt
hakim ßni ሓኪም ስኒ Zahnarzt
halafənätawi ሓላፍነታዊ verantwortlich
halafi ሓላፊ Chef
hamli, ahmlti ሓምሊ፣ ኣሕምልቲ Gemüse
hanäzä, məhnaz ሃነጸ፣ ምህናጽ bauen
hanbäßä, mhənbaß ሓንበሰ፣ ምሕንባስ baden
hanbäßä, mhənbaß ሓንበሰ፣ ምሕንባስ schwimmen
hanßab ሓንሳብ einmal
hanti ሓንቲ eine

haqəcha ሓቅኻ! du hast recht!
haqi ሓቂ echt
haram ሓራም verboten (religiös)
harämä, mhram ሃረመ፣ ምህራም schlagen
haräßtaj ሓረስታይ Bauer
harənät ሓርነት Freiheit
harətsch'ə ሓሪጭ Mehl
harmas ሓርማዝ Elefant
harri ሃሪ Seide
has'e, mhsa'ə ሓዝኤ፣ ምሕዛእ reservieren
hasä, mhas ሓዘ፣ ምሓዝ fangen
haßab ሓሳብ Gedanke
haßäbä, məhßab ሓሰበ፣ ምሕሳብ nachdenken, denken; rechnen
haßäwä, məhəßaw ሓሰወ፣ ምሕሳው lügen
haßawi ሓሳዊ Lügner
hatätä, mhtat ሓተተ፣ ምሕታት bitten; fragen
hatənä ሓትነ Tante (mütterl.)
haw, ahwat ሓው፣ ኣሕዋት Bruder
hawäbo ሓወቦ Onkel (väterl.)
hawälä, mhəwal ሓወለ፣ ምሕዋል umtauschen
hawi ሓዊ Feuer
hawtätä, mhəwtat ሃውተተ፣ ምህውታት sich verirren
hazäbä, məhzab ሓጸበ፣ ምሕጻብ waschen
hazin ሓጺን Eisen
hazir ሓጺር kurz
hbrawi ሕብራዊ bunt
hbri ሕብሪ Farbe
hdu'ə ህዱእ ruhig
hədschi ሕጂ jetzt
həjəwät ሕይወት Leben
hələchlach ሕልኽላኽ kompliziert
hərscha ሕርሻ Landwirtschaft
həza ሕጻ Sand
hgi, hgitat ሕጊ፣ ሕግታት Gesetz, Recht
hguß ሕጉስ fröhlich, glücklich
hidät ሒደት wenig, ein bisschen
hjab, hjabat ህያብ፣ ህያባት Geschenk
hkuj ህኩይ faul (träge)
hmam ሕማም Krankheit
hmaqh ሕማቕ schlecht
hmum ሕሙም krank
hndi ህንዲ Indien
hnza, hnzatat ህንጻ፣ ህንጻታት Gebäude
hotel ሆቴል Hotel
hraj ሕራይ! einverstanden!, okay!
hrscha ሕርሻ Farm
hsbi, ahsab ህዝቢ፣ ኣህዛብ Volk
hßab ሕሳብ Rechnung
hßur ሕሱር billig
hto, htotat ሕቶ፣ ሕቶታት Frage

I

id, a'ədaw ኢድ፣ ኣእዳው Hand
idä t'bäbəña ኢደ ጥበብኛ Handwerker
indußtri ኢንዱስትሪ Industrie
itjop'ja ኢትዮጵያ Äthiopien

J

j'akl ይኣክል! genug!
jägälgl የገልግል gültig
jäman የማን rechts
jäqhänjäläj የቐንየለይ danke
j'kä'al ይከኣል እዩ möglich
jəqhreta ይቕሬታ! Entschuldigung!

jhajəsch ይሓይሽ besser
jhud ይሁድ Jude
jhudawi ይሁዳዊ jüdisch

K

kä'alä, məch'al ከኣለ፣ ምኽኣል können *(Vollverb)*
kab ካብ als (Vergleich); aus; seit; von
käbabi ከባቢ Umwelt
kabäj ካበይ woher
käbdi ከብዲ Bauch
käbhi ከብሒ Schrank
käbid ከቢድ schwer (n. leicht)
kädä, mchad ከደ፣ ምኻድ gehen, weggehen
käfälä, mchfal ከፈለ፣ ምኽፋል zahlen, bezahlen
käfätä, məchfat ከፈተ፣ ምኽፋት öffnen
kälbi, achalab ከልቢ፣ ኣኽላብ Hund
kalə'ə ካልእ andere
kämäj ከመይ wie
kamera ካሜራ Kamera
kamətscha, kamətschatat ካምቻ፣ ካምቻታት Hemd
känfär, känafər ከንፈር፣ ከናፍር Lippen
känina ከኒና Tablette
kara, karatat ካራ፣ ካራታት Messer
käräzit ከረጺት Tüte
kard mägbi ካርድ መግቢ Speisekarte
karta, kartatat ካርታ፣ ካርታታት Landkarte
käschänä, məchəschan ከሸነ፣ ምኽሻን kochen
käschani ከሻኒ Koch
kaßa ካሳ Kasse
käßäbä, mchßab ከሰበ፣ ምኽሳብ gewinnen
kaßet ካሴት Kassette
kätäma, kätämatat ከተማ፣ ከተማታት Stadt
käto ከቶ niemals
käwänä, mchʷan ከወነ፣ ምዃን sein
kbur ክቡር ehrwürdig; teuer
kdan, kdaʷənti ክዳን፣ ክዳውንቲ Kleidung
kəlkul ክልኩል verboten
kəschənä ክሽነ Küche
kfli, kflətat ክፍሊ፣ ክፍልታት Zimmer
kfli, kfltat ክፍሊ፣ ክፍልታት Abteilung
kfu'ə ክፉእ hässlich
kilo ኪሎ Kilo
kläb ክላብ Club
kli'it ክልኢት Sekunde
kndäj ክንደይ wieviel
kobärta °arat ኮበርታ ዓራት Bettdecke
kof bälä, kof mbal ኮፍ በለ፣ ኮፍ ምባል sitzen
konä, mchʷan ኮነ፣ ምዃን werden
kraj gäsa ክራይ ግዛ Miete
kräm ክረም Creme
krämti ክረምቲ Winter
krbit ክርቢት Streichhölzer
krßtjan ክርስትያን Christ/-in
krßtjanawi ክርስትያናዊ christlich
kßab ክሳብ bis
kßad ክሳድ Hals
kßi, kßitat ክሲ፣ ክሰታት Klage
ktabät anzar ክታበት ኣንጻር impfen gegen

kubanja ኩባንያ Gesellschaft (Firma)
kuch ኩኽ Pfirsich
kʷəlu ኩሉ alles
kʷinat ኩናት Krieg

L

lä'achä, ml'ach ለኣኸ፣ ምልኣኽ schicken, senden
la°əli ላዕሊ oben
la°li ላዕሊ hoch
läbam ለባም klug
läbäßä, məlbaß ለበሰ፣ ምልባስ anziehen, sich
läggäbä, məläggab ለገበ፣ ምልጋብ nähen
lahədscha ላህጃ Dialekt
läjti ለይቲ Nacht
lam, aha ላም፣ ኣሓ Kuh
lbi ልቢ Herz
ləməməd ልምምድ Übung
lk°ə ልክዕ genau
lmdi ልምዲ Brauch, Tradition
lomi ሎሚ heute
lul ሉል Perle

M

m'ətaw ምእታው Ankunft
m°ərab ምዕራብ Westen
m°əraf ምዕራፍ ausruhen, sich
m°əraj ምዕራይ Reparatur
m°us ምዑዝ schmackhaft
mä'adi መኣዲ Esstisch
ma'əkäl ማእከል Mitte
ma'əkäl kätäma ማእከል ከተማ Zentrum (Stadt-)
ma'əkälaj məbraqh ማእከላይ ምብራቕ Mittlerer Osten
mä°altawi መዓልታዊ täglich
mä°alti, mä°altətat መዓልቲ፣ መዓልትታት Tag
mä°arfo näfärti መዕርፎ ነፈርቲ Flughafen
mä°aß መዓስ wann
mä°ərfo baburät መዕርፎ ባቡራት Bahnhof
ma°əzo, ma°əzotat ማዕጾ፣ ማዕጾታት Tür
mächärä, məmkar መኸረ፣ ምምኻር jmd. beraten
mädäb መደብ Plan; Programm
mädäqäßi kfli መደቀሲ ክፍሊ Schlafzimmer
mädhanit መድሓኒት Medikament
mäftəh, mäfatəh መፍትሕ፣ መፋትሕ Schlüssel
mägäscha መገሻ Reise
mägbi መግቢ Speise, Essen, Lebensmittel
mähandß መሃንድስ Ingenieur
mäharä, məmhar መሃረ፣ ምምሃር lehren
mahbär ማሕበር Gesellschaft (Allg.)
maj ማይ Wasser
mäkanik መካኒክ Mechaniker
mäkkina, mäkkajən መኪና፣ መካይን Wagen, Auto
mäl'e, məmla'ə መልኤ፣ ምምላእ füllen
mäläßä, məməlaß መለሰ፣ ምምላስ antworten
mälk°eña መልክዔኛ hübsch (Person)
mälk°eña መልክዔኛ schön
mälßi መልሲ Antwort

mämhər, mämharan መምህር፣ መምሃራን Lehrer
män መን wer
mänäzär መነጸር Brille
mändäqh መንደቕ Wand
mändil መንዲል Handtuch
manəm ማንም irgend (-wer / -was)
mängəßti መንግስቲ Regierung
manka, mankatat ማንካ፣ ማንካታት Löffel
mänzäf °arat መንጸፍ ዓራት Bettzeug
mänzr መንጽር gegenüber
mäqhäs መቐዝ Schere
mäqhza°əti መቕጻዕቲ Strafe
mär°a መርዓ Heirat
mär°at መርዓት Braut
mär°awi መርዓዊ Bräutigam
märahi መራሒ Führer
märäqh መረቕ Suppe
märäqhä, məməraqh መረቐ፣ ምምራቕ gratulieren
märet መሬት Erde
märf'ə hkəməna መርፍእ ሕክምና Spritze
märfə'ə መርፍእ Nadel
märir መሪር scharf
märkäb መርከብ Schiff
mäsgäbä qalat መዝገበ ቃላት Wörterbuch
mäß'ä መስአ /ፋርኬታ Gabel
mäßälä, məmßal መሰለ፣ ምምሳል erscheinen
mäßat'i መሳጢ interessant
mäßkot, mäßachʷəti መስኮት፣ መሳኹቲ Fenster
mäßmär, mäßmärat መስመር፣ መስመራት Linie
mäßqäl መስቀል Kreuz
mäßtä መስተ Getränk
mät'fə'ə schgara መጥፍእ ሽጋራ Aschenbecher
mätan መታን damit; um zu …
mätär'aß መተርኣስ Kopfkissen
mätsch'äräschta መጨረሽታ Ende
mäwäda'əta መወዳእታ letzter
mäwzə'i መውጽኢ Ausgang
mäz'ä, məmza'ə መጽአ፣ ምምጻእ kommen
mäzhaf, mäzahfti መጽሓፍ፣ መጻሕፍቲ Buch
mäziz መጺጽ sauer (Geschmack)
mäzräj ßni መጽረይ ስኒ Zahnbürste
mbraqh ብምራቕ Osten
mbzah ምብጻሕ Besuch; besuchen
mchnjat ምኽንያት Grund
mchri ምኽሪ Rat (Tipp)
mchri habä, mchri mhab ምኽሪ ሃበ፣ ምኽሪ ምሃብ empfehlen
mdəngʷaj ምድንጓይ spät; Verspätung
mdrä bäda ምድረ በዳ Wüste
məchnəjatu ምኽንያቱ weil
məhdära ምሕደራ Behörde
mər'it ምርኢት Ausstellung; Besichtigung
məß ምስ als (zeitl.); mit
məßah ምሳሕ Mittagessen
məwza'ə ምውጻእ Ausreise
məznah ምጽናሕ Aufenthalt
mhəlaw ምህላው sollen
minißtär ሚኒስተር Minister
minißtri ሚኒስተሪ Ministerium
misan ሚዛን Gewicht
mlu'ə ምሉእ voll, ganz
mnalbat ምናልባት vielleicht
mnalbat jəchäwən ምናልባት ይኸውን können

moja ሞያ Beruf
moqhəschəsch ሞቐሸሽ Trinkgeld
mot ሞት Tod
motä ሞተ tot
motä, məmat ሞተ፣ ምማት sterben
motor ሞቶር Motor
motorßajkəl ሞቶርሳይክል Motorrad
mqhot ምቖት Hitze
mqhʷət'ab ምቊጣብ Sparen
mquraz ምቁራጽ aufhören
mrach ምራኽ Kalb
mschät ምሸት Abend
mßləməna ምስልምና Islam
mt'əqam ምጥቃም benutzen
musiqa ሙዚቃ Musik
mznah ምጽናሕ dauern

N

n'abnät ንኣብነት zum Beispiel
n'əschto ንእሽቶ klein
n'uß ንኡስ jung
nab ናብ nach (Richtung)
nab'u ናብኡ dorthin
nabäj ናበይ wohin
näbärä, mənbar ነበረ፣ ምንባር leben (physisch)
näbßä zor ነብሰ ጾር schwanger
näbßəcha mləlaj ነብስኻ ምልላይ sich bekanntmachen
näbßi wäkäf ነብሲ ወከፍ jeder
näbßi wäkäf gsje ነብሲ ወከፍ ግዜ jedesmal
nädädä, məndad ነደደ፣ ምንዳድ brennen
nädadi ነዳዲ (Erd-)Öl
näfarit ነፋሪት Flugzeug
nägädä, mngad ነገደ፣ ምንጋድ handeln
nägadi, nägado ነጋዲ፣ ነጋዶ Händler
nägär, nägärat ነገር፣ ነገራት Sachen (Angelegenheiten)
naj ናይ von (Besitz)
näqhälä, mənqal ነቐለ፣ ምንቃል abfahren
näwih ነዊሕ lang (Entfernung)
näwih gsje ነዊሕ ግዜ lange Zeit
näza ነጻ frei; **näza** ነጻ leer
näza kfli ነጻ ክፍሊ frei (Zimmer)
näzäla wäräqhät ነጸላ ወረቐት Blatt
nbrät ንብረት Eigentum
nbur ንቡር normal
nə- ን und; für
nə°a ንዓ komm her!
nəbägäß ንበገስ! los!
nfaß ንፋስ Luft; Wind
ngdi, ngditat ንግዲ፣ ንግድታት Handel
ngho ንግሆ früh; Morgen
ngßnät ንግስነት Königreich
nguß ንጉስ König
nhaß ንሓስ Kupfer
nhna ንሕና wir
nməntaj ንምንታይ warum
nqhuz ንቑጽ trocken
nßa ንሳ sie (Sg)
nßatom (m), nßatän (w) ንሳቶም ንሳተን sie (Pl)
nßcha (m), nßchi (w) ንስኻ፣ ንስኺ du
nßchum (m), nßchən (w) ንስኹም ንስኸን Sie, ihr (Pl)
nßu ንሱ er
ntahti ንታሕቲ abwärts

P

paket ፓኬት Paket
paßport ፓስፖርት Pass
paßport mägäscha ፓስፖርት መገሻ Reisepass
polätika ፖለቲካ Politik
poliß ፖሊስ Polizei; Polizist
p'oßt'a ጶስጣ Post
poßtkard ፓስትካርድ Postkarte

Q

qädamaj schəm ቀዳማይ ሽም Vorname
qal, qalat ቃል፣ ቃላት Wort
qäläbet ቀለቤት Fingerring
qälil ቀሊል einfach, leicht
qält'äfä, mqhəlt'af ቀልጠፈ፣ ምቅልጣፍ sich beeilen
qämqami ቀምቃሚ Friseur
qändel ቀንዴል Lampe
qansa ቃንዛ Schmerz
qansa r'əßi ቃንዛ ርእሲ Kopfschmerzen
qäräba ቀረባ nah
qäräz ቀረጽ Gebühr
qäß bälä, qäß mbal ቀስ በለ፣ ቀስ ምባል langsam
qätälä, mqhtal ቀተለ፣ ምቕታል töten
qäw°i ቀውዒ Herbst
qäz°ä, məqhza°ə ቀጽዐ፣ ምቕጻዕ bestrafen
qbəlit ቅብሊት Quittung
qdmi ቅድሚ bevor, vor, vorher
qdmi qätri ቅድሚ ቀትሪ Vormittag
qdmi tmali ቅድሚ ትማሊ vorgestern
qduß ቅዱስ heilig
qnu°ə ቅኑዕ korrekt
qobu°ə ቆብዕ Hut
qol°a, qol°ut ቆልዓ፣ ቆልዑት Kind
qomä, mqhʷam ቆመ፣ ምቿም stehen
qonßl ቆንስል Konsulat
qorázä, məqhʷəraz ቆረጸ፣ ምቍራጽ schneiden
qorbät ቆርበት Fell; Leder
qoßälä, mqhʷəßal ቆሰለ፣ ምቍሳል verletzt
qotäbä, mqhʷət'ab ቆጠበ፣ ምቍጣብ sparen
qozära ቆጸራ Verabredung
qrətsch'at ቅርጫት Teller (trad.)
qrub məchʷan ቅሩብ ምኳን bereit
qur'an ቁርኣን Koran
quzri, quzritat ቊጽሪ፣ ቊጽሪታት Nummer
qʷanqʷa ቋንቋ Sprache
qʷəlfi ቍልፊ Gürtel
qʷərßi ቍርሲ Frühstück
qʷərub ቍሩብ etwas (wenig)
qʷəßli ቍስሊ Verletzung, Wunde
qʷət'äba ቍጠባ Wirtschaft
qʷəzri kdan ቍጽሪ ክዳን Größe (Kleidung)

R

r'əßi ርእሲ Kopf
r'əßi kätäma ርእሲ ከተማ Hauptstadt
r'ijto mihab ርእይቶ ምሃብ meinen

mi'ətin ßußan schəduschtän

rä'ajä mr'aj ረኣየ፣ ምርኣይ besichtigen, sehen, anschauen
rächäbä, mrkab ረኸበ፣ ምርካብ finden
radjo ራድዮ Radiogerät
rägʷid ረጒድ dick
rähäzä, mrhaz ረሀጸ፣ ምርሃጽ schwitzen
räßah̲ ረሳሕ schmutzig
räßə°ä, mrəßa°ə ረሰዐ፣ ምርሳዕ vergessen
räßni ረስኒ Fieber
räßtorant ረስቶራንት Restaurant
rdu'ə ርዱእ እዩ selbstverständlich!
rh̲uqh ርሑቕ entfernt, fern, weit
ri'ijto ርእይቶ Meinung
rßaß ርሳስ Stift
rus ሩዝ Reis

S

säh̲alä, msəh̲al ዘሓለ፣ ምዝሓል kalt sein
sah̲li ዛሕሊ Kälte
säjkä'al ዘይከኣል unmöglich
säjmər°əw ዘይምርዑው ledig
säjtäfält'ä ዘይተፈልጠ unbekannt
säjti ዘይቲ (Speise-)Öl
säkärä, msəkar ዘከረ፣ ምዝካር sich erinnern
santa ዛንታ Geschichte (Erzähl.)
sb'i ዝብኢ Hyäne
schahi ሻሂ Tee
schant'a ሻንጣ Koffer
schawär ሻወር Dusche
schəjät'ä, mschat'ə ሸየጠ፣ ምሻጥ verkaufen
schgara, schgaratat ሽጋራ፣ ሽጋራታት Zigarette
schgʷərti za°əda ሽጕርቲ ጻዕዳ Knoblauch
schkor ሽኮር süß
schm°a ሽምዓ Kerze
schmaglä, schmaglätat ሽማግለ፣ ሽማግለታት alt (Personen)
schokolata ሾኮላታ Schokolade
schqhaqh ሽቓቕ Toilette
schufär ሹፈር Chauffeur
səchonä kojnu ዝኾነ ኮይኑ jedenfalls
səchri ዝኽሪ Andenken, Erinnerung
segənät ዜግነት Nationalität, Staatsangehörigkeit
səh̲ul ዝሑል kühl
sena, senatat ዜና፣ ዜናታት Nachricht
sərsər gänsäb ዝርዝር ገንዘብ Kleingeld
sjada ዝያዳ mehr
skarä gäsa ዝካረ ገዛ zu vermieten
smäz'ə gəsje ዝመጽእ ግዜ nächstes Mal
snab ዝናብ Regen
snab sänäbä, snab msnab ዝናብ ዘነበ፣ ዝናብ ምዝናብ regnen
srərəb ዝርርብ Gespräch
srot ዝሮት Urlaub (Rundreise)

ß

ß'əli ስእሊ Foto
ß'əli, ß'əlitat ስእሊ፣ ስእልታት Bild
ßä'alä, məß'al ስኣለ፣ ምስኣል malen; fotografieren
ßa'əni, aßa'ən ሳእኒ፣ ኣሳእን Schuh

ßä°abä, mis°ab ሰዓበ፣ ምስዓብ folgen
ßä°amä, mß°am ሰዓመ፣ ምስዓም küssen
ßä°at, ßä°atat ሰዓት፣ ሰዓታት Stunde; Uhr
ßa°ə ሳዕ Mal
ßa°əri ሳዕሪ Gras
ßa°əßə°ä, ms°əßa°ə ሳዕሰዐ፣ ምስዕሳዕ tanzen
ßäb, ßäbat ሰብ፣ ሰባት Mensch, Person
ßäb'aj, ßäb'ut ሰብኣይ፣ ሰብኡት Mann
ßäbäjti, anßti ሰበይቲ፣ ኣንስቲ Frau
ßäbärä, mßbar ሰበረ፣ ምስባር brechen
ßäbat ሰባት Leute
ßächärä, mßkar ሰኸረ፣ ምስካር betrunken
ßädäd ሰደድ Ausfuhr
ßäfär ሰፈር Ort (Ortschaft)
ßäh̲aqhä, mßh̲aqh ሰሓቐ፣ ምስሓቕ lachen
ßah̲ti ሳሕቲ manchmal
ßäjt'an ሰይጣን Teufel
ßälam ሰላም Frieden; Gruß
ßälam bälä, ßälam mbal ሰላም በለ፣ ሰላም ምባል sich grüßen; jmd. begrüßen
ßäläsi ስለዚ deshalb
ßälat'a ሰላጣ Salat
ßäldi ሰልዲ Geld
ßäm°ä, mßma°ə ሰምዐ፣ ምስማዕ hören
ßämaj ሰማይ Himmel
ßambu'ə ሳንቡእ Lunge
ßämjen ሰሜን Norden
ßamna ሳምና Seife
ßämun ሰሙን Woche
ßandutsch ሳንድች Sandwich
ßant'a, ßanät'u ሳንጣ፣ ሳነጡ Tasche; Gepäck
ßantim ሳንቲም Cent
ßärah̲täña ሰራሕተኛ Angestellter; Arbeiter
ßäräqhä, mßraqh ሰረቐ፣ ምስራቕ stehlen
ßäraqhi ሰራቒ Dieb
ßärh̲ä, mßrah̲ ሰርሐ፣ ምስራሕ arbeiten
ßätäjä, mßtaj ሰተየ፣ ምስታይ trinken
ßätarit ሰታሪት Briefumschlag
ßäwaßw ሰዋሰው Grammatik
ßazun p'oßt'a ሳጹን ጶስጣ Briefkasten
ßdra bet ስድራ ቤት Familie
ßənu°ə ስኑዕ künstlich
ßga, ßgatat ስጋ፣ ስጋታት Fleisch
ßjä ስየ Palme
ßləmat kßad ስልማት ክሳድ Halskette
ßnä t'əbäb ስነ ጥበብ Kunst
ßnä t'əbäbawi ስነ ጥበባዊ Künstler
ßm ስም Name
ßm°əta ስምዕታ Beschwerde
ßmi°it ስሚዒት Gefühl
ßntsch'əro ስንጭሮ Tal
ßomalja ሶማልያ Somalia
ßport ስፖርት Sport
ßrä, ßrätat ስረ፣ ስረታት Hose
ßrah̲ ስራሕ Arbeit
ßrqi ስርቂ Diebstahl
ßudan ሱዳን Sudan

T'

t'°um məchʷan ጥዑም ምኽኒን Nettigkeit
t'ä°amä, mt'°am ጠዓመ፣ ምጥዓም kosten (probieren)
t'äf'ä, mət'fa'ə ጠፍአ፣ ምጥፋእ (Dinge) verlieren
t'äläbä, mət'lab ጠለበ፣ ምጥላብ bestellen
t'ät'äw bälä, t'ät'äw mbal ጠጠው በለ፣ ጠጠው ምባል halten (stoppen)
t'ät'äw ilu, t'ät'äw mbal ጠጠው ኢሉ፣ ጠጠው ምባል stehend
t'ät'äw mäbäli ጠጠው መበሊ Haltestelle
t'ät'äw mbal ጠጠው ምባል anhalten
t'əlul ጥሉል nass
t'əqha ጥቓ neben
t'met ጥሜት Hunger
t'raj ጥራይ nur
t'rmuß, t'äramuß ጥርሙስ፣ ጠራሙስ Flasche
t'ut' ጡጥ Watte
t°əna ጥዕና Gesundheit
t°uj ጥዑይ gesund

T

tä°agäßä, m°əgaß ተዓገሰ፣ ምዕጋስ geduldig sein
tä°azju ተዓጽዩ geschlossen
täba°taj ተባዕታይ männlich
täbälaschäwä, mbələschaw ተበላሸወ፣ ምብልሻው kaputtgehen
tächaräjä, məkraj ተኻረየ፣ ምክራይ mieten
tädäßätä, mdəßat ተደሰተ፣ ምድሳት Vergnügen
täfalät'ä, məflat' ተፋለጠ፣ ምፍላጥ (jmd.) kennenlernen
täfanäwä, mfənaw ተፋነወ፣ ምፍናው sich verabschieden
tägädäßä, mgdaß ተገደሰ፣ ምግዳስ sich interessieren
tähagoßä, mhəgʷaß ተሓጎሰ፣ ምሕጓስ sich freuen
tahti ታሕቲ unten
takßi ታክሲ Taxi
täladscha ተላጂ Kühlschrank
täläfon ተለፎን Telefon
täläfon däwälä, täläfon mdəwal ተለፎን ደወለ፣ ተለፎን ምድዋል telefonieren
tälävision ተለቪዥን Fernsehgerät
tämäharä, məmhar ተመሃረ፣ ምምሃር lernen
tämaharaj ተማሃራይ Schüler; Student
tämaharit ተማሃሪት Studentin
tämänäjä, məmənaj ተመነየ፣ ምምናይ wünschen
tämäsgäbä, məməsgab ተመዝገበ፣ ምምዝጋብ registrieren
tänßə'e, mtənßa'ə ተንሰኤ፣ ምትንሳእ aufstehen
täqhäbal gascha ተቐባል ጋሻ Gastgeber
täqhäbälä, məqhəbal ተቐበለ፣ ምቕባል erhalten, empfangen
täqhämät'ä, mqhəmat' ተቐመጠ፣ ምቕማጥ wohnen
täqhämat'aj, täqhämat'o ተቐማጣይ፣ ተቐማጦ Einwohner

täqhämät'ä, məqhəmat' ተቐመጠ፣ ምቕማጥ leben (wohnen)

täqhäräbä, məqhərab ተቐረበ፣ ምቕራብ bereitet sein

täqhäraräbä, mqərərab ተቐራረበ፣ ምቅርራብ vorbereiten

tärachäbä, mrəchab ተራኸበ፣ ምርኻብ sich treffen (mit)

tärädə'ä, mrəda'ə ተረድአ፣ ምርዳእ verstehen

täräf ተረፍ übrig

tärgʷemä, mtərgʷam ተርጐመ፣ ምትርጓም übersetzen

tarich ታሪኽ Geschichte (Hist.)

täsaräbä, msərab ተዛረበ፣ ምዝራብ sprechen, reden

täßäqhlä, mßqhal ተሰቕለ፣ ምስቃል einsteigen

taßera ታሴራ Ausweis

täßfa gäbärä, täßfa mgbar ተስፋ ገበረ፣ ተስፋ ምግባር hoffen

täßßäm°o, mßßma°ə ተሰምዖ፣ ምሰማዕ sich fühlen

tät'änqäqh ተጠንቀቕ Vorsicht! / Achtung!

tät'änqäqhä, mət'ənqaqh ተጠንቀቐ፣ ምጥንቃቕ aufpassen

tät'äwäjä, mt'waj ተጠወየ፣ ምጥዋይ drehen; abbiegen

tätäßfäwä, mtßfaw ተተስፈወ፣ ምትስፋው hoffen

täwäd'ä, mwda'ə ተወድአ፣ ምውዳእ fertig sein

täwät'he, mwt'ah ተወጥሐ፣ ምውጣሕ reiten

täzäbäjä, mzəbaj ተጸበየ፣ ምጽባይ warten

täzälälä, mzəlal ተጸለለ፣ ምጽላል verrückt

täzawätä, mzəwat ተጻወተ፣ ምጽዋት spielen

tə'rä gänsäb ጥረ ገንዘብ Bargeld

təch ilka ትኽ ኢልካ geradeaus

təhti ትሕቲ unter

təhut ትሑት niedrig (kurz)

tənbacho ትንባኾ Tabak

tenbr ቴንብር Briefmarke

tenda, tendatat ቴንዳ፣ ቴንዳታት Zelt

tərgum ትርጉም Bedeutung

tgrawaj, tägaru ትግራዋይ ፣ ትጋሩ Tigre

tgraña ትግርኛ Tigrinya

thut ትሑት höflich

tjatər ትያትር Theater

tket ትኬት Fahrkarte

tket näfarit ትኬት ነፋሪት Flugticket

tki ትኪ Rauch

tmali ትማሊ gestern

turißt ቱሪስት Tourist

TSCH'

tsch'ärqi ጨርቂ Stoff

tsch'äw ጨው Salz

tsch'əhmi ጭሕሚ Schnurrbart

tsch'hmi ጭሕሚ Bart

tsch'ir abälä, tsch'ir mbal ጭር ኣበለ፣ ጭር ምባል klingeln

tsch'ir mäbäli ጭር መበሊ Klingel

tsch'ra wat'a ጭራ ዋጣ Fiedel

TSCH

tschäk ቸክ Scheck

tschinäma (ital.) ቺነማ Kino

U,V

univärßiti ዩኒቨርሲቲ Universität
väntilator ቨንቲላቶር Ventilator

W

w°uj ውዑይ heiß, warm
wädäb, wädäbat ወደብ፣ ወደባት Hafen
wädäbä, mwdab ወደበ፣ ምውዳብ organisieren
wädə'ä, məwda'ə ወድአ፣ ምውዳእ beenden
wädi ወዲ Junge; Sohn
wag'u kndäj əju ዋግኡ ክንደይ እዩ kosten (Preis)
waga ዋጋ Preis
waga tket ዋጋ ትኬት Fahrpreis
wägän ወገን Seite; Richtung
wäj ወይ oder
wala hadä ዋላ ሓደ niemand
wala hanti ዋላ ሓንቲ nichts
wälädi ወለዲ Eltern
wanna ዋና Besitzer
wäqhti ወቕቲ Jahreszeit
wärädä, məwrad ወረደ፣ ምውራድ aussteigen
wäräqhät ወረቐት Papier
wäräqhät schqhaqh ወረቐት ሽቓቕ Toilettenpapier
wärhi ወርሒ Mond
wärhi, awarəh ወርሒ፣ ኣዋርሕ Monat
wärqi ወርቂ Gold
wäßädä, məwßad ወሰደ፣ ምውሳድ erfordern; nehmen
wätähadär ወተሃደር Soldat
wätru ወትሩ immer
wäz'e, mwza'ə ወጽኤ፣ ምውጻእ hinausgehen
wäza'ətäña, wäza'ətäñatat ወጻእተኛ፣ ወጻእተኛታት Ausländer
wäza'i ወጻኢ außen
wäza'i hagär ወጻኢ ሃገር Ausland
wəhədsch, wəhajəs ውሕጅ፣ ውሓይዝ Fluss
wəhßənät ውሕስነት Versicherung
wəzə'at ውጽኣት Durchfall
wruj ውሩይ berühmt
wßäd ውሰድ nimm!

Z

zäba ጸባ Milch
zäbhi bərßən ጸብሒ ብርስን Linsenbrei
zäbib ጸቢብ eng
zägäbä, mzgab ጸገበ፣ ምጽጋብ satt
zägam ጸጋም links
zägäm ጸገም Problem
zäg^{w}əri ጸጕሪ Haar
zäg^{w}əri bägi°ə ጸጕሪ በጊዕ Wolle
zähafi, mzhaf ጸሓፊ፣ ምጽሓፍ schreiben
zähaj ጸሓይ Sonne
zäla'i ጸላኢ Feind
zäläjä, mzəlaj ጸለየ ምጽላይ beten
zälmat ጸልማት Dunkelheit
zänhä, məznah ጸንሐ፣ ምጽናሕ dauern; bleiben
zäw°ä, mzwa°ə ጸውዐ፣ ምጽዋዕ rufen, schreien
zäwärä, mzar ጸወረ፣ ምጻር tragen
zäwäta ጸወታ Spiel
zbah ጽባሕ morgen
zbuqh ጽቡቕ gut

zdja, ajät ጽድያ ፣ ኣየት **Frühling**
zə°at elätrik ጽዓት ኤለትሪክ **Strom**
zəm'i ጽምኢ **Durst**
zəmu'ə ጽሙእ **durstig**
zənzəja ጽንጽያ **Mücke**
zərgja ጽርግያ **Weg**
zhul ዝሑል **kalt**
zlal ጽላል **Regenschirm**
zlalot ጽላሎት **Schatten**
zmdi ጽምዲ **ein paar, das Paar**
zmʷaqhʷə ጽማቝ **Saft**
zret ጽሬት **Hygiene**
zrgja, zrgjatat ጽርግያ፣ ጽርግያታት **Straße**
zruj ጽሩይ **sauber**

Notizen

Der Autor

Salomon Ykealo: Ich komme aus Eritrea und lebe seit 1980 in Deutschland. Meine Muttersprache ist Tigrinya.

Ich beschäftige mich mit der tigrinischen Sprache und Literatur, aber auch mit anderen semitischen Sprachen wie Amharisch und Hebräisch. Die Auseinandersetzung mit der eigenen Sprache im „Exil" war für mich Teil der Identitätsbewahrung, da wir kriegsbedingt buchstäblich alles hinter uns gelassen bzw. verloren haben. Die Sprache war die treue Begleiterin in der Fremde und der letzte Fels in der Brandung.

Heute arbeite ich unter anderem als Übersetzer und Guide. Mit diesem Buch möchte ich zur Verständigung zwischen Eritreer:innen und Deutschen beitragen.

Impressum

Salomon Ykealo
Tigrinya – Wort für Wort

erschienen im
Reise Know-How Verlag Peter Rump GmbH,
Osnabrücker Str. 79, 33649 Bielefeld

1. Auflage 2024

ISBN 978-3-8317-6503-4

Gestaltung und Bearbeitung: der Verlag
Kartografie: Thomas Buri
Fotos: Adobe Stock: Alison Jones/Danita Delimont (Cover), ArtushFoto (S. 11), Wollwerth Imagery (S. 89), magicbones (S. 118), der Autor (S. 133, S. 174)

Druck und Bindung
mediaprint solutions GmbH, Paderborn

Bibliografische Information der Deutschen Nationalbibliothek
Die Deutsche Nationalbibliothek verzeichnet diese Publikation in der Deutschen Nationalbibliografie; detaillierte bibliografische Daten sind im Internet über http://dnb.dnb.de abrufbar.

Reise Know-How Bücher finden Sie in allen gut sortierten Buchhandlungen.
Falls nicht, kann Ihre Buchhandlung unsere Bücher hier bestellen:
D: Prolit GmbH, prolit.de und alle Barsortimente
A: Freytag-Berndt und Artaria KG, freytagberndt.com
CH: AVA Verlagsauslieferung AG, ava.ch
B, Lux, NL: Willems Adventure, willemsadventure.nl
oder direkt über den Verlag: www.reise-know-how.de

Effektiver Sprachen lernen –

Aussprache trainieren

1. In diesem Buch gibt es kostenlose Aussprachebeispiele zum Anhören.

Die QR Codes im Buch mit einer App auf dem Smartphone scannen, um zu den zugehörigen Aussprachebeispielen zu kommen.
Alternativ kann man diese auch unter:
www.reise-know-how.de/kauderwelsch/233
erreichen.

2. Unsere separat erhältlichen AusspracheTrainer bieten noch umfangreicheres Tonmaterial und ermöglichen so ein unkompliziertes Erlernen der neuen Sprache, auch unabhängig von den jeweiligen Kauderwelsch-Büchern.